LETTRE À MÉNÉCÉE
ET AUTRES ŒUVRES

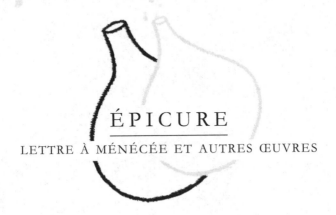

ÉPICURE

LETTRE À MÉNÉCÉE ET AUTRES ŒUVRES

Introduction, traduction et notes
par
Jean-Louis POIRIER

Illustrations d'Hubert Le Gall

Suivi éditorial Laure de Chantal

Les Belles Lettres
2022

© 2022, Société d'édition Les Belles Lettres
95, bd Raspail, 75006 Paris
www.lesbelleslettres.com

ISBN : 978-2-251-45359-0

INTRODUCTION

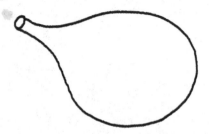

ÉPICURE À LA LETTRE ?

par Jean-Louis Poirier

Traduire Épicure et en donner une version lisible par tous est un défi. Le texte grec, à nous transmis depuis l'Antiquité, est aujourd'hui enfoui sous la multiplicité des éditions et des interprétations, parfois obscures, toujours divergentes, qui le recouvrent et le rendent insaisissable, tant l'approche scientifique est laborieuse, tant la recherche d'un texte fiable est désespérante. Avec l'amoncellement infini des corrections, la philologie ouvre la voie au nihilisme. L'occasion est belle, certes, de se libérer de tout cet appareil, mais le texte en quelque sorte brut auquel nous sommes reconduits paraîtra aussitôt abrupt, exactement impénétrable[1] : en fait, c'est bel et bien à partir de la longue suite des corrections, éditions, citations, défenses et réfutations qui l'ont mis

---

1. Tel est le texte provocateur auquel aboutit Jean Bollack, au terme d'un travail remarquable et qui force le respect (*La pensée du plaisir*, Éditions de Minuit, Paris, 1975). Et Jean Bollack est le premier à avouer le caractère « infaisable » ou désespérant de son entreprise : « L'effet recherché serait plutôt celui de la destruction. La masse des jugements vides et accrédités est si grande qu'elle fait douter de la légitimité de ces pratiques ».

à distance que nous avons appris à lire Épicure et à lui donner une figure incertaine, mais recevable.

Il faudra en passer par là : toute honte bue, on se résoudra à lire Épicure *en rétrospection*, en partant de la tradition épicurienne, selon une lecture faussement ingénue qui est celle que nous proposons et dont nous assumons les choix[2].

Les œuvres que nous donnons ici, à l'exception des *Sentences vaticanes*, découvertes au XIXe siècle parmi les manuscrits de la Bibliothèque vaticane, se trouvent dans le Livre X des *Vies des philosophes illustres* de Diogène Laërce, consacré à Épicure. Il s'agit de la *Lettre à Ménécée* et des *Maximes capitales*. Comme nous donnons l'essentiel[3] du Livre X des *Vies*, le lecteur y trouvera pratiquement tout ce qu'il peut souhaiter savoir de la vie et de l'œuvre d'Épicure.

---

2. C'est pourquoi nous n'avons pas craint de prendre pour base de notre traduction le texte établi au XIXe siècle par Hermann Usener (pour le Livre X des *Vies des philosophes illustres* de Diogène Laërce, la *Lettre à Ménécée* et les *Maximes capitales*), et l'édition plus récente de Miroslav Marcovich pour les *Sentences vaticanes*. Nous n'avons retenu les corrections des autres éditeurs, rarement, que lorsqu'elles nous ont paru mieux convenir, pour une raison ou pour une autre.

3. Nous ne donnons ni la *Lettre à Hérodote*, ni celle *à Pythoclès*. Ces deux lettres, dont il existe de nombreuses éditions séparées, sont assez longues, d'une lecture relativement ardue et portent sur la physique et les phénomènes célestes.

À la poursuite du bonheur

Les pages qu'on va lire ne présentent pas une morale, directive et ennuyeuse. Elles présentent une sagesse. Cela veut dire deux choses : d'un côté, une sagesse propose un choix de vie[4], comme une promesse de salut, en cette vie ; d'un autre côté, ce choix de vie, qui relève de l'exercice de la raison, s'ordonne à une réflexion sur ce qu'est la vie et sur ce qu'elle nous réserve dans le monde tel qu'il est. Sous son premier aspect, cette sagesse, qui résume les valeurs de la culture antique, est tranquille, elle conduit au bonheur ; sous son second aspect, elle est subversive, elle prend toute la mesure d'un monde sans espoir, radicalement indifférent à notre existence.

Le sage – Épicure ne cesse de le répéter – se sert de sa raison. Il ne se contente pas d'observer ou de subir, il pense, construit des raisonnements à partir de ce qu'il voit, il veut comprendre. Ce faisant, il construit lui-même ses représentations, et c'est pour cela qu'il est si important de

---

4. La question du *meilleur choix de vie* est classique dans l'Antiquité. On oppose ainsi, par exemple, la vie de plaisir et la vie de l'intellect.

comprendre : c'est une façon de nous réapproprier ce qui vient de l'extérieur. La raison nous rassure.

À cet égard, la physique est exemplaire. La connaissance de la nature vise moins à nous faire connaître ce que sont les choses et leurs lois, qu'à nous garantir que la nature ne nous est pas hostile, qu'elle obéit à des lois indifférentes à nos fins et que les dieux – s'il y en a (et il y en a) – n'habitent pas le même monde que nous. Nous n'avons rien à craindre du monde physique, le seul, dans lequel il n'y a que des atomes et du vide. La voie est donc ouverte qui mène à une sagesse tranquille, accomplissant le vieux rêve humain d'une existence sans trouble, *l'ataraxie*.

Mais ce n'est pas si simple. Il est un autre aspect de la raison qui nous fait tourner nos regards vers l'abîme. Si le monde et la vie n'ont rien d'effrayant, pourquoi faudrait-il une sagesse pour nous rassurer ? ne faudrait-il pas aussi se garder d'une foule de représentations qui nourrissent une sourde inquiétude et qui tirent leur origine d'une région dont aucune physique ne saurait rendre compte ? Là est la profondeur de l'épicurisme : Épicure a laissé sa place à cette sagesse, désormais subversive, comme appelée par cette question restée sans réponse. Paradoxalement, si l'épicurisme est sans doute la sagesse antique qui a, plus qu'une autre, récusé toute grandiloquence tragique et donné toute sa valeur à la tranquillité, c'est aussi la sagesse qui a le mieux identifié ce qui rend illusoire cette tranquillité et a le mieux dessiné, en prétendant contourner cet obstacle, la figure de cette résistance.

L'examen des voies par lesquelles cette sagesse entreprend sa mise en œuvre témoigne de cette singulière lucidité. Si le monde extérieur, pas plus que la nécessité (qui prend la place du destin, invention de la superstition), ne menacent notre tranquillité, surtout une fois que la connaissance de la nature nous a éclairés, il n'en va pas de même de nos mouvements intérieurs. Ce sont nos désirs et nos illusions qui nous asservissent à des forces étrangères en nous dirigeant vers des objets imaginaires ; et telle est la cause de nos soucis, de notre agitation, de notre malheur. Et tout cela dépend de nous, d'où Épicure conclut que le bonheur est à notre portée, s'il s'agit seulement de se libérer de cette dépendance qui est notre œuvre.

Mais la vie est probablement plus compliquée, et nous croyons qu'Épicure ne l'ignore pas complètement, ce qui donne lieu à une sagesse quelque peu décalée, étrange et attachante, probablement impuissante, peut-être inaboutie, mais qui désigne, en les dissimulant, un certain nombre de vérités auxquelles la philosophie, plus ou moins délibérément, ne s'est pas toujours montrée attentive. D'où résultent plusieurs conséquences :

La recherche du bonheur, à laquelle nous invite la sagesse épicurienne, emprunte des voies assez singulières. Certes, à la différence des stoïciens, Épicure ne nous demande pas d'être plus forts que nos passions ou de les dominer : il s'agit plutôt de les ignorer ou de les contourner, et cela en s'appliquant à connaître leurs effets et en usant de notre intelligence, comme s'il suffisait de savoir ou de comprendre pour renoncer à certains de nos désirs. Le problème n'est peut-être pas de savoir si une telle gestion de nos désirs est possible et si l'on peut s'interdire les désirs non nécessaires, comme si le fait qu'ils ne soient pas nécessaires permettait d'y renoncer ! c'est la méthode

– l'autarcie – qui nous interpelle : car le problème est celui, compris dans son ampleur dramatique, du vivant et de son milieu. Alors que le sage stoïcien, volontiers héroïque, inscrit son destin dans un monde bien fait auquel il se mesure et grâce auquel il se grandit, le sage épicurien pense plutôt à se mettre à l'abri[5], tel un vivant qui tente de réduire le plus possible ses échanges avec son milieu. Si la physique – certes rassurante – nous permet de comprendre que nous vivons dans un monde indifférent et qui nous ignore, c'est aussi un monde contre lequel on ne lutte pas, conduit par une nécessité dont on n'attend aucun secours. L'épicurien ne coopère pas avec le réel – nécessité, jamais destin ! –, il le reconnaît, mais il s'en garde.

Ainsi, la règle de se suffire à soi-même – la règle d'autarcie –, si elle vise à nous donner l'indépendance, ne passe pas par une expansion du soi s'assurant au mieux la maîtrise de ses ressources, mais dirige au contraire vers une réduction du soi, la réduction de ses besoins aux seuls besoins nécessaires.

Triste condition d'une satisfaction garantie, le bon vivant est un vivant diminué, en retrait, qui intériorise la satisfaction au point de la faire disparaître : la certitude de la satisfaction va avec la mise à l'écart du désir, la peur de manquer avec la peur du désir. La sagesse épicurienne est une sagesse du *détachement*. Le détachement est ce qui, à la fois, nous garantit, à coup sûr, le bonheur et la satisfaction de nos désirs, puisque nous n'en avons plus ;

---

5. « Pour être heureux, il faut vivre caché » comme le rappellera un traité que nous connaissons par Plutarque.

mais c'est aussi le fait d'une perte totale de confiance en la réalité et en la vie[6].

Tout cela renvoie à une gestion triste du désir dont on apprend à se satisfaire. Mais nous forçons peut-être un peu le trait, il y a un juste milieu. Car il est vrai que « les joies simples », tant vantées par Épicure, accomplissent un bonheur de vivre inimitable que nul ne peut contester, comme il vrai que ces joies simples sont vraiment à notre portée. Sans aller jusqu'à faire venir sur notre table les fromages de Kythnos[7], fleurant bon le cytise, qu'y a-t-il de meilleur et de plus accessible que cette gorgée d'eau fraîche qui désaltère le plus assoiffé ? – certes ! mais tout cela suppose un monde, ou une existence, dont il ne faut pas attendre qu'ils réalisent tous nos désirs. Le secret du bonheur est dans la modestie, dans un patient travail de compréhension aussi – Épicure ne cesse d'insister –, qui font ce qu'il y a d'admirable dans cette sagesse : le mouvement d'une intelligence aux prises avec l'existence. Il s'agit de convaincre, non pour obtenir l'accord d'un autre, mais de soi-même, en cette partie de nous-mêmes qui affronte le monde et refuse d'écouter : nos désirs, nos sensations les moins domesticables, le plaisir et la douleur. Et il n'est pas si facile d'*apprendre* à se contenter de peu, car le désir, à commencer par celui qui n'est pas nécessaire, ne se range guère aux arguments, et surtout aux arguments

---

6. C'est cette version de l'épicurisme qui nourrira, au XIXe et au XXe siècles, les grandes problématiques dites *pessimistes* : Leopardi, Schopenhauer, Freud. La formule de Schopenhauer selon laquelle « la souffrance est le fond de la vie » résume bien, en l'explicitant, la découverte épicurienne.

7. Voir plus bas, *Vie d'Épicure*, § 11.

raisonnables, et même réprimé, il est là, littéralement *en souffrance.*

Le plaisir et la douleur

Et il n'est pas facile non plus de supporter la douleur : on peut bien se répéter que terrible, elle ne dure pas long-temps, ou que longue, elle n'est pas si terrible, il reste qu'elle est terrible et qu'elle est longue. Et c'est pourquoi les douleurs de l'âme sont bien pires que celles du corps, dans la mesure où elles sont autrement longues, puisque, dans l'âme, elles se redoublent avec le temps, alors que le corps ne ressent que la douleur présente.

Au fond, le raisonnement nous apprend plus à accepter la douleur qu'à la supporter[8]. Cette sagesse demeure de l'ordre de la pensée, elle dirige moins la vie du vivant qu'elle ne vise à minimiser son rapport au monde, ou, pour le dire autrement, en retrouvant les figures tradi-tionnelles du sage, imperturbable, elle fait émerger en tout cas une forme d'indépendance, sinon de liberté[9]. N'était cette issue dans quelque chose qui ressemble en effet à une précieuse liberté, cette consolation face à la souffrance, laisse un goût d'amertume.

---

8. D'où les moqueries à l'égard des stoïciens : loin de supporter la douleur en silence, Hercule – héros stoïcien par excellence – gémit et hurle de douleur, brûlé jusqu'aux os dans la tunique de Nessus. Voir plus bas, *Vie d'Épicure*, § 136.

9. C'est pourquoi on insiste souvent, à juste titre, sur le fait que ce qu'Épicure refuse dans le plaisir, ce n'est pas le plaisir, mais la dépendance. Par quoi le sage, en effet, ne refuse jamais les invitations à des festins. Nous n'avons affaire, en effet, ni à la débauche, ni à l'austérité. Ce que propose Épicure est bien une sagesse.

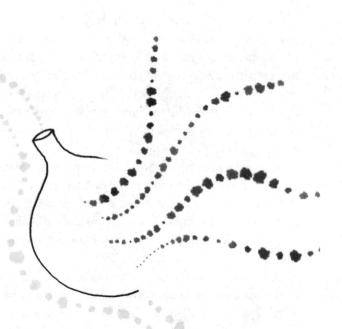

Si Épicure met le souverain bien dans le plaisir, il n'en est pas moins vrai que le plaisir reçoit une définition négative. Le plaisir n'existe pas. Il n'est rien d'autre que la cessation de la douleur ; c'est un *effet*, car il n'y a pas de plaisir sans douleur.

Nous n'insisterons pas sur la profondeur qu'il y a, peut-être la lucidité, à faire d'une affection qui, en soi, est moins que rien, le bien suprême et la fin de toutes nos actions. La sagesse épicurienne met en évidence, avec une obstination peu commune, la proximité de l'objet du désir et du leurre. Elle introduit par là à une interrogation de nature anthropologique dont elle pointe au moins les horizons, vertigineux.

Ce qui caractérise donc la recherche du plaisir, c'est l'exigence de la ramener à elle-même et de conjurer la menace constante d'une dérive qui écartera définitivement de la route du bonheur[10]. En la figure du plaisir, le souverain bien n'est une fin qu'à la condition d'en maîtriser ce qu'Épicure appelle « les limites ».

Le génie de l'épicurisme consiste ici en un retravail de la vieille idée du *calcul des plaisirs*. Cette notion apparaissait déjà, certes, chez Platon[11] dans un contexte où il s'agissait de montrer que la recherche du plaisir, si elle n'est que cela, se contredit et donc qu'elle suppose une intelligence qui compare les plaisirs et enseigne à différer un plaisir pour en obtenir un autre plus grand, ou éviter une douleur. L'usage de l'intelligence dégage une hiérarchie des plaisirs

---

10. Il faudrait peut-être évoquer ici l'hédonisme irréfléchi prêté aux philosophes de l'école cyrénaïque.
11. Voir le *Protagoras*, 352a et suiv.

qui donne son sens à une conduite de maximisation du plaisir. Épicure fait usage de cette notion, au contraire, aux fins de réprimer certains plaisirs et donc, en fait, pour les tenir à distance. Nous vivons dans un monde dans lequel le plaisir est un piège et le mouvement qui nous porte vers lui une pulsion aveugle. Cette étonnante méfiance à l'égard du plaisir traduit encore le besoin de ne pas en dépendre.

C'est ainsi par exemple qu'un nouveau thème épicurien émerge de ce monde auquel nul ne peut accorder sa confiance : la condamnation de l'amour, pour cette raison très simple que le désir d'amour, nullement nécessaire, se paye presque toujours, d'un chagrin d'amour. La poésie épicurienne tire sa puissance de cette triste prédiction : *Il n'y a pas d'amour heureux*. Il est donc préférable de ne pas aimer, car la passion amoureuse, une fois libérée, est celle qui peut le moins être réfrénée, donnant libre cours à un plaisir inaccessible à toute argumentation[12]. On voit comment la recherche du bonheur, dans ce genre de monde où tant de désirs se montrent vains, emprunte un itinéraire peu exaltant, un parcours où il s'agit en fait, à chaque instant, d'éviter le malheur qui nous guette si nous accédons à nos désirs, sans avoir réfléchi. Et la réflexion, ici, manifeste une étrange complicité avec la tristesse.

---

12. Pleinement épicurien à sa façon – c'est-à-dire « en cette vie » –, Descartes redira cette vérité : « L'amour, tant déréglée qu'elle soit, donne du plaisir, et bien que les poètes s'en plaignent souvent dans leurs vers, je crois néanmoins que les hommes s'abstiendraient naturellement d'aimer, s'ils n'y trouvaient plus de douceur que d'amertume » (*Lettre à Chanut*, 1er février 1647).

Le désir et son objet

La libération épicurienne relève donc du détachement. À l'encontre de l'orgueil stoïcien qui met le moi au-dessus de ce qui lui arrive, l'humilité épicurienne met le moi à l'abri de ce qui peut lui arriver : il se fait petit devant l'adversité, mais il n'est pas frileux, il est raisonnable. Ce dont le sage doit se libérer, plus que des choses, c'est de ce lien aux choses qui, en nous, leur donne le rôle d'objets de nos désirs, et c'est ce lien qu'il revient à la raison de trancher, en identifiant comme tels les désirs vains, distingués des nécessaires auxquels seuls il devra payer leur tribut[13].

Est-il libre ou détaché, ce moi rabougri, réduit aux besoins les plus élémentaires de la vie ? ce moi dont le bonheur coïncide avec l'investissement minimal accordé aux choses ? Il faut bien reconnaître qu'elle en dit long cette étrange recherche du bonheur, comme une page blanche dans la vie, ce rêve d'une effrayante absence de trouble : l'ataraxie. Et si affleurait ici l'obsédant principe de Nirvana, rationalisé en termes d'indépendance ou de liberté ? La volonté du néant. Mais à l'ombre de cette volonté du néant, se cache, et donc apparaît, une autre puissance ou volonté – insoupçonnée, mais mise en évidence par le génie d'Épicure –, dont le sage se protège anxieusement, celle qui engendre et mobilise les désirs vains qui font notre malheur, l'infini du désir, cette force qui outrepasse le biologique ou le naturel en nous et nous rive aux chaînes des désirs non-nécessaires, voir non-naturels.

---

13. Remarquons en passant qu'en cela l'épicurisme semble plus dur pour les passions que les stoïciens eux-mêmes, qui prétendaient en triompher, mais ne les supprimaient pas.

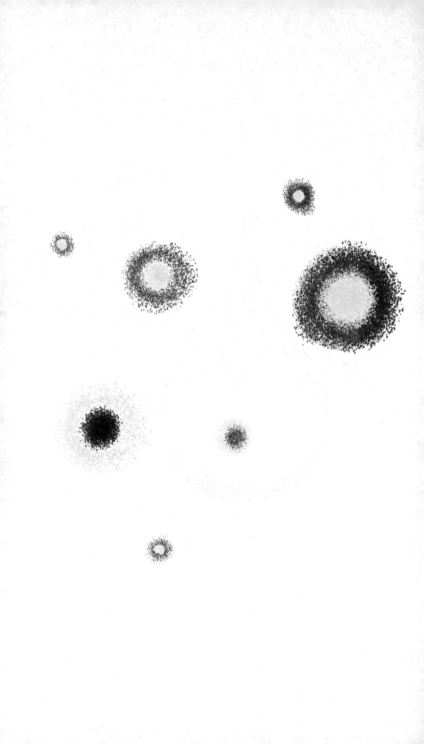

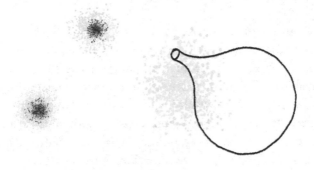

L'angoisse du vivant

Faire coïncider le bonheur et l'absence de trouble, c'est désigner ce qui donne son origine au besoin de sagesse : l'obstacle au bonheur, le trouble. Dans la mesure où ce trouble ne vient pas de la nature et du monde matériel, dont la physique a établi l'indifférence et donc l'innocence, il vient de nous. Cela s'appelait l'infini du désir ; mais cela s'appelle aussi l'angoisse, quand ce trouble tient non plus à nos échanges avec le réel, mais à la précarité de notre condition. En dirigeant l'analyse de ce côté, Épicure ouvre la voie à d'autres interrogations qui excèdent probablement les réponses auxquelles il se risque.

La mort

Assez banalement, la mort, sa mort est un motif d'angoisse pour le vivant. En établissant que la mort n'est rien, l'épicurisme *devrait* nous délivrer de la crainte qu'elle nous inspire. Mais les choses sont plus compliquées. D'abord, Épicure ne dit pas que la mort n'est rien, mais qu'elle n'est rien *pour nous*. Cela veut dire qu'elle est quelque chose, considéré pour ce qu'elle est, en elle-même : à savoir la dissolution du composé formé par l'animal vivant. Mais cela n'empêche pas – au contraire – qu'elle ne soit rien *pour nous*. En effet, c'est précisément par la sensibilité que l'objet sensible est l'objet de la sensation de quelqu'un, autrement dit, *pour lui*. Il en résulte avec évidence (la sensation est critère de vérité) l'impossibilité pour l'animal mort de se percevoir lui-même mort, puisque la dissolution du composé entraîne la perte de toute sensation. Arguera-t-on que cela ne nous empêche pas de mourir et que nous le savons ? on répondra qu'une fois morts, nous ne serons plus là pour regretter la vie. Du reste, nous ne la regretterons pas[14]...

L'argument est d'une rigueur logique inattaquable, mais malgré cela, ou plutôt en raison de cela, tout n'est pas dit. Et ce silence dévoile une autre vérité si l'on s'avise des limites de cet argument qui enferme dans la sphère de la sensation et du raisonnement et souffre de ce que l'on appellera un intellectualisme. Il est clair que ce raisonnement, plus qu'à établir que la mort n'est rien pour nous, a pour fonction d'écarter une tonalité affective qui s'attache à la représentation de la mort : l'angoisse. Et ce point n'échappe pas à Épicure, car si notre propre mort n'est rien pour nous, ce n'est pas le cas de la mort de l'autre. La mort de l'autre, nous la voyons et la sentons, elle est bel et bien quelque chose pour nous, sinon pour l'autre. Cette mort qui nous plonge dans l'effroi n'est pas la vraie mort, elle n'est pour nous que parce que nous prêtons à l'ami mort notre

---

14. Voir la *Sentence vaticane* n° 47 : « lorsque le destin nous fera sortir, nous lancerons un grand crachat sur la vie et sur ceux qui s'y attachent en vain ». Tout est dit sur le sens de l'existence. Ce qui n'interdit pas d'en profiter : « nous sortirons de la vie en chantant haut et fort un péan plein de beauté proclamant que nous avons bien vécu ».

propre sensibilité. L'effroi ressenti n'est possible que parce que nous ne regardons pas la mort en face lorsque nous la voyons dans celle de l'autre. Voir la mort en face, c'est voir qu'elle n'est rien et dissiper toute angoisse.

C'est donc bien de l'angoisse de la mort que traite cet argument qui la refuse. C'est donc bien l'angoisse qui transparaît ici dans l'écart, la déviation (oserons-nous dire le *clinamen*[15] ?) qui sépare (ou fait se rejoindre ?) ma propre mort et celle d'autrui. Peut-on vraiment exclure que le vivant ne vive sa propre mort ? il vit, en tout cas celle de ses amis, et la sagesse épicurienne se donne pour tâche d'en conjurer la tristesse : on honorera dignement l'amitié en ne pleurant pas (pourquoi pleurer sur le sort du disparu, s'il ne souffre pas, ou plus ?), et on se consolera de son absence en évoquant les bons moments passés avec lui, à vivre.

Le temps

Le temps, difficile à vivre, ajoute encore à l'angoisse. Comme la mort, le temps doit être frappé de nullité, si l'on veut vivre sagement sa vie. On l'a établi par la physique : « accident d'accident »[16], il n'est rien. Cette non-réalité

---

15. Le *clinamen* est, dans la physique épicurienne, ce mouvement de déviation imprévisible, inexplicable, qui fait se rencontrer les atomes et permet la production de toutes choses.

16. *Lettre à Hérodote*, § 73 (dans Diogène Laërce, X, *Vie d'Épicure*, et Sextus Empiricus, *Contre les Mathématiciens*, Livre X, §§ 224-226). « Accident d'accident », le temps est *moins que rien*, ainsi par exemple la nuit est un accident de l'air lorsqu'il ne fait pas jour, elle est attribuée à l'air, comme la douleur à celui qui souffre : ni la nuit, ni la douleur ne sont des réalités substantielles ; quant à leur durée, elle est à son tour attribuée à ces accidents et n'est pas une réalité, le temps est donc accident d'accident.

du temps, pourvu qu'on s'en persuade, a des conséquences majeures sur la conduite de notre vie, dans la mesure où plusieurs illusions naissent de la croyance au temps et empêchent de vivre, rendent la vie impossible. Ces illusions sont toutes désignées par le précepte épicurien qui demande à les écarter : « Ne diffère pas de jouir ! ». Ce qui veut dire que la discontinuité du temps, nous dérobe l'être qui ne cesse de nous échapper : nous n'avons littéralement pas le temps. La hâte de jouir ne témoigne pas d'on ne sait quelle propension à la débauche, mais du désarroi d'un être qui essaye d'arracher, comme en passant, au moins un instant de suffisance à soi, dans une vie qui ne nous accorde rien et ne nous réserve rien. Il est clair que cette manière de jouissance, qui repose sur la croyance illusoire en un temps continu, traduit plus le désespoir épicurien que la frivolité du jouisseur. En fait, se hâter de jouir n'a rien d'épicurien : c'est une fois de plus le signe de cette angoisse qu'il s'agit de surmonter. Comprendre la nature du temps, sa discontinuité, nous libère de cette angoisse, puisque si le temps est discontinu, chaque instant nous offre tout ce qu'on peut espérer : il faut à la fois ne pas différer et ne pas se hâter. Différer, c'est perdre du temps, se hâter ce n'est pas en gagner, puisque tous les instants se valent.

Bien comprendre la non-réalité du temps, c'est transfigurer l'existence, réussir à sourire au bonheur dans un monde que rien ne sauve. C'est en raison de cette discontinuité que la longueur de la vie, pour l'épicurien, n'est pas un marqueur pertinent. C'est pour cette raison aussi que la vieille idée, commune en Grèce et tirée des Tragiques, selon laquelle on ne peut dire d'une vie qu'elle a été heureuse que lorsqu'elle est finie, doit être récusée : le passé compte tout autant que ce qui reste encore de vie à vivre, et il ne peut nous être enlevé. L'individu est contemporain de tous ses moments de bonheur. C'est aussi pourquoi enfin il faut prendre ses distances avec les effets de perspective qui découlent d'une croyance illusoire au temps : aux poètes qui prétendent qu'« il n'est pas de plus grande douleur que de se souvenir des jours heureux, dans les jours de malheur »[17], il faut opposer une autre construction du temps : même dans le malheur présent, les jours heureux passés ne nous seront jamais enlevés.

Il n'aura échappé à personne que la sagesse épicurienne, qui enseigne assurément à goûter la vie, donne à cette vie une saveur bien particulière : disons celle qui signale les moments uniques. La vie épicurienne a la qualité de l'irremplaçable. En mobilisant, peut-être plus qu'une autre, l'intelligence, cette sagesse nous apprend l'amour du fini, autrement dit à nous contenter de ce qu'on appelle « les joies simples ».

Or la vie est difficile. Épicure sait qu'elle est de toutes parts promise à des illusions ou emportée par des mouvements qui la menacent et en troublent la tranquillité. Mais il a cru, qu'éclairé par son intelligence,

---

17. « Nessun maggior dolore/che ricordarsi del tempo felice/ne la miseria », Dante, *Divine comédie* (Enfer V, v. 121-123).

l'homme pouvait prétendre à un bonheur libre de tout souci. Peut-être. Mais nous devons aussi à la lucidité de ce sage d'avoir identifié des forces qui menacent radicalement ce bonheur : le désir, infini, et l'angoisse, incoercible. L'épicurisme antique n'échappe à l'accusation de pessimisme que parce qu'il a cru possible pour chacun de se réapproprier son désir et de se libérer de l'angoisse en faisant usage de sa propre raison.

Le besoin de philosophie

Il est de tous les instants. Peu de philosophes accordent à la philosophie elle-même une place aussi importante, aussi constante, dans l'accomplissement du chemin de bonheur ! Mais il y a là quelque chose d'énigmatique, car cette philosophie ne se réduit pas au seul usage de la raison.

D'abord, il ne s'agit pas de *philosophie*, mais de *philosopher*. Pour une fois, la traduction ne trahit pas le néologisme grec – φιλοσοφεῖν –. Si *Philosopher* c'est se livrer à l'activité du philosophe, pour Épicure, c'est *vivre* en philosophe, ce n'est pas étudier la philosophie ou l'enseigner[18], et cette activité s'exerce sur soi-même, comme le suggère clairement la référence à la santé[19]. Nul ne cherche à paraître en bonne santé, cela ne veut rien dire : il s'agit de l'être réellement soi-même. Et philosopher c'est pareillement veiller à la santé de son âme. Précisons : même si elle ne cesse de déployer un pouvoir qui est bien celui de la raison, cette activité est une façon de vivre, qui concerne la totalité de l'existence. Il faut « savoir à la fois rire et philosopher, mais aussi gérer son domaine, et faire usage de tout ce que nous avons encore en propre »[20].

Et c'est bien sûr encore en raison de cette définition de la philosophie « qu'il n'y a pas d'âge pour

---

18. Ce qui met cette activité, ainsi définie, en marge de la pensée d'une époque. Cf. *Sentences vaticanes*, n° 76 : « Tu as bien compris ce qui sépare philosopher pour soi-même ou pour la Grèce ».

19. Voir *Sentences vaticanes*, n° 54.

20. *Sentences vaticanes*, n° 41

philosopher »[21] : il serait parfaitement absurde de ne pas souhaiter être en bonne santé à tel ou tel moment de son existence, enfant, vieillard, comme dans telle ou telle circonstance de la vie ! la référence au bonheur et à la santé ne cesse d'être lumineuse.

Ne minimisons pas ce qu'a de provocateur cette inscription de la philosophie au cœur de l'existence sous la dénomination du *philosopher*. « Prendre soin de son âme » retrouve sans doute les termes du précepte socratique bien connu[22], mais Épicure le subvertit puisque désormais aucun salut n'est en vue, ni aucune exigence de justice en ce monde ou en un autre. Il n'est pas question de devenir meilleur.

Convenons donc que l'injonction épicurienne de philosopher sans relâche renvoie à une définition moins ordinaire qu'il ne semble de la philosophie, mais peut-être assez belle aussi...

---

21. Et non en raison d'on ne sait quel impératif pédagogique ou social (le Calliclès de Platon ne jugeait-il pas, comme tant d'autres, que passée la jeunesse, l'étude de la philosophie était frivolité ? cf. *Gorgias*, 484c). Voir le début de la *Lettre à Ménécée*.

22. Platon, *Apologie de Socrate*, 24 d et suiv.

DIOGÈNE LAËRCE

Vies des philosophes illustres, Livre X

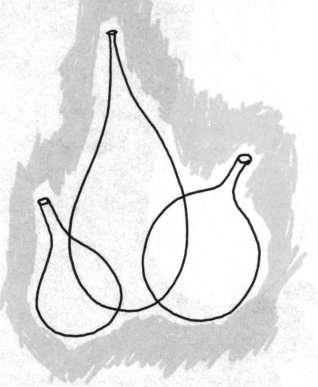

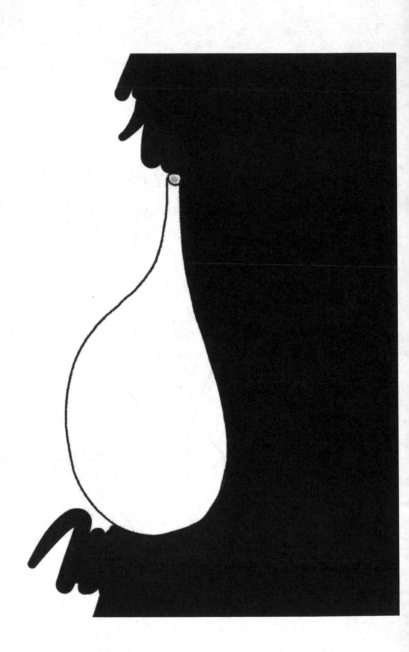

1 – Vie d'Épicure [1-34]

[1] Épicure, fils de Néoclès et de Chérestratè, Athénien du dème de Gargettios, appartenait à la gens des Philaïdes, comme le dit Métrodore, dans son *Traité de la Noblesse*. Selon d'autres auteurs, parmi lesquels Héraclide, dans son *Abrégé de Sotion*, il aurait grandi à Samos, où les Athéniens avaient fondé une colonie. C'est seulement à dix-huit ans qu'il aurait gagné Athènes, au moment où Xénocrate enseignait à l'Académie[1], et où Aristote était à Chalcis. Après la mort d'Alexandre de Macédoine et après que les Athéniens eurent été expulsés de Samos par Perdiccas[2], Épicure se serait rendu auprès de son père, à Colophon. [2] Il y séjourna un certain temps, puis, ayant réuni quelques disciples, il regagna Athènes, sous l'archontat d'Anaxicrate. Il y enseigna alors à côté des autres philosophes, jusqu'au moment où il fonda l'école qui porte son nom et donna son enseignement à part. C'est à l'âge de quatorze ans que, selon ses propres dires, il s'attacha à la philosophie. Apollodore l'épicurien dit, au premier livre de sa *Vie d'Épicure*, qu'il entra en philosophie en raison du

---

1. Vers 339 av. J.-C.
2. Général macédonien.

mépris qu'il avait pour les grammairiens, qui n'avaient pas été capables de lui expliquer les passages d'Hésiode portant sur le chaos, mais selon Hermippe, il était lui-même devenu professeur de grammaire, jusqu'au moment où il tomba sur les livres de Démocrite et se consacra à la philosophie. C'est ce qui explique les mots de Timon à son sujet : [3]

Cochonissime suprême et chien de chien de physicien,
Natif de Samos,
Maître d'école raté, plus ignare qu'une bête.

Il avait converti ses frères, qui étaient trois, Néoclès, Chérédème et Aristobule, et ils pratiquaient également la philosophie avec lui, comme le dit Philodème l'épicurien au dixième livre de son Recueil des philosophes. Selon Myronianos, dans ses *Recherches sur les similitudes*, il était aussi accompagné d'un esclave, nommé Mys.

Le stoïcien Diotimus, qui était extrêmement mal disposé à son égard, le calomnia de façon tout-à-fait dommageable, en publiant comme étant de lui cinquante lettres licencieuses ; c'est également ce que fit, en se faisant passer pour Épicure, l'auteur des libelles attribués à Chrysippe. Mais c'est encore le cas des disciples de Posidonius le stoïcien, [4] ainsi que de Nicolaüs et de Sotion dans les douze livres des *Réfutations* de Dioclès, qui portent sur le vingtième jour du mois[3] ; sans oublier Denys d'Halicarnasse. On disait par exemple qu'il accompagnait sa mère chez les gens pour lire les formulaires des purifications ; ou qu'avec son père, il enseignait la

---

3. Nous suivons ici le texte de H. Usener. Le vingtième jour du mois était le jour où les épicuriens avaient coutume de tenir leur assemblée (Voir plus bas, dans le *Testament* d'Épicure, § 18).

lecture moyennant un salaire de misère ; ou encore qu'il prostituait un de ses frères et qu'il vivait avec une courtisane, Léontion ; et qu'il s'était approprié les doctrines de Démocrite sur les atomes et celle d'Aristippe sur le plaisir. Ils prétendent encore qu'il n'était pas citoyen de naissance, contrairement à ce que disent Timocrate et Hérodote, [5] dans le *Traité de la Jeunesse d'Épicure*.

Ils lui reprochent d'avoir honteusement flatté Mythrès, l'intendant de Lysimaque, et de lui avoir accordé le titre, dans ses lettres, de Péan et Roi. Ils accusent pareillement Idoménée, Hérodote et Timocrate d'avoir fait son éloge et de l'avoir flatté parce qu'ils avaient rendues publiques ses doctrines secrètes. Ils l'accusent encore d'avoir écrit à Léontion des lettres avec ces phrases : « Roi Péan, chère petite Léontion, de quelles émotions n'ai-je point été envahi à la lecture de ta douce lettre ! » ; et à Thémista, femme de Léonteos : « Je suis capable, si vous ne venez pas auprès de moi, de franchir le monde, pour accourir au triple galop partout où vous et Thémista me le demanderez » ; à un jeune homme nommé Pythoclès : « Je m'installerai, confortablement assis, pour attendre ta douce arrivée, semblable à celle d'un dieu. » Au quatrième livre de son traité *Contre Épicure*, selon Théodore, il écrit à son tour, à Thémista : « Il me semble que je produis en toi quelque excitation ! », [6] ce qu'il écrivait aussi à de nombreuses prostituées, et en particulier à Léontion, dont Métrodore était également amoureux.

Et par-dessus le marché, il lui reprochait ces mots écrits dans le traité *De la Fin* : « Je ne serai plus à même de connaître le bien, si l'on m'enlève les plaisirs du goût, ceux de l'amour, et ceux que nous procurent les sensations et les belles formes. » et d'écrire dans la lettre à Pythoclès : « Bienheureux ! confiant en ton frêle esquif, fuis à pleine voile toute forme de culture ». Épictète le traite de « spécialiste en grossièretés » et l'attaque de la pire des façons. Et il est vrai que Timocrate lui-même, frère de Métrodore et disciple d'Épicure, quitta l'École en disant que la vie de débauche le faisait vomir deux fois par jour, et que c'est à grand peine qu'il avait réussi à trouver la force de fuir ces cénacles philosophiques nocturnes et ces cercles d'initiés. [7] Et il ajoutait qu'Épicure ignorait la plus grande partie des choses de l'esprit, et la totalité de celles de la vie : son corps faisait pitié à voir, à tel point que, pendant plusieurs années, il ne pouvait se lever de sa couche.

Il dépensait une mine[4] par jour pour la table, comme il l'écrit lui-même à Léontion et aux philosophes de Mytilène. Ordinairement, il était, lui et Métrodore, entouré de courtisanes, Mammarion, Hédeia, Erotion, et Nicidion. Et dans les trente-sept livres de son *Sur la nature*, il répète presque toujours la même chose et attaque en particulier Nausiphane, en ces termes : « Eh bien, qu'il dégage ! quand il réussit à accoucher péniblement de quelque chose, c'est une boursouflure sophistique qui sort de sa bouche, exactement comme chez beaucoup d'esclaves ». Et Épicure lui-même aurait écrit dans ses Lettres, à propos de Nausiphane, [8] que « cette attaque le mit dans un tel état qu'il se mit à l'injurier et à le traiter de

---

4. Il est difficile, voire impossible, d'estimer ce que vaut une telle somme, mais elle paraît démesurée s'il est vrai que, à cette époque, le salaire journalier moyen d'un ouvrier était d'une drachme, c'est-à-dire un centième de mine.

maître d'école ». Il le traitait de tous les noms : « poumon
de mer, illettré, menteur » ou « putain », et il traitait
les disciples de Platon de « séïdes de Denys » ; Platon
lui-même était gratifié de « cousu d'or » ; Aristote de
« débauché, être du genre à s'enrôler dans l'armée et à
vendre des drogues, après avoir dilapidé son patrimoine » ;
Protagoras était traité de « portefaix » et de « plume
de Démocrite », ou « bon à enseigner le b.a.-ba dans
les villages » ; Héraclite était qualifié de « trublion » ;
Démocrite de « Baratineur » ; Antidore recevait le
nom de « Stupididore », les cyniques d'« ennemis de
la Grèce », les dialecticiens de « jaloux insatiables »,
et Pyrrhon d'« ignare » et d'« inculte ».

[9] En fait, ces gens délirent. En faveur de ce grand
homme, il y a assez de témoins de sa bienveillance supé-
rieure à l'égard de tous, que l'on pense aux vingt statues
de bronze par lesquelles l'honora sa patrie, ou à la foule de
ses amis dont même des villes entières ne sauraient donner
la mesure, ou que ce soient tous ses disciples, captivés par
ses enseignements comme par des sirènes, si l'on met de
côté Métrodore, le fils de Stratonice, qui prit ses distances
et rejoignit Carnéade, peut-être parce qu'il ne pouvait plus
supporter l'excessive sollicitude d'Épicure à son égard.
Quant à la continuité de cette école, alors que pratiquement toutes les autres ont disparu, celle-ci se maintient
jusqu'à présent en faisant se succéder d'innombrables
chefs pris parmi ses disciples ; [10] quant à sa gratitude
envers ses parents et sa bienveillance à l'égard de ses frères,
son humanité à l'égard de ses domestiques, la chose est
évidente au vu de son testament et par le fait qu'ils étaient
admis à philosopher avec lui, ce qui était notoire dans le

cas du Mys dont nous avons déjà parlé. D'une manière générale, son amour de l'humanité s'adressait à tous. Et comment dire ce qui en était de sa piété envers les dieux et de son amour de la patrie ? c'est par excès de réserve qu'il n'a pas pris part aux affaires de la Cité : en des temps où la Grèce connut de grandes difficultés, il continua d'y vivre, et il ne fit la traversée vers l'Ionie que deux ou trois fois, pour retrouver des amis. Ceux-ci venaient vers lui de toutes les régions du monde pour partager sa vie dans le Jardin (la propriété qu'il avait achetée pour quatre-vingts mines[5], selon Apollodore – comme le dit également [11] Dioclès, au livre III de ses *Improvisations*), où ils menaient une existence des plus modestes et des plus frugales. Il est sûr en tout cas qu'ils se contentaient d'un peu de vin, quand ils ne buvaient pas tout simplement de l'eau. Cela dit, Épicure n'était pas favorable à la mise en commun des ressources, en quoi il s'écartait de Pythagore qui disait « entre amis, tout est commun ». Car ce genre de choses est le propre de ceux qui ne se font pas confiance : et si l'on ne se fait pas confiance, on n'est pas amis. Et il le dit lui-même dans ses lettres, il se contentait d'eau et de pain ordinaire : « Fais-moi venir un fromage de Kythnos[6] pour que je puisse faire un plantureux festin quand je le voudrai ! ».

---

5. Voir plus haut, § 7, note.

6. Du nom de l'île des Cyclades où on le produisait, le fromage de Kythnos, au lait de brebis et agrémenté de cytise – ce qui faisait son originalité et son excellence, selon Pline (*Histoire naturelle*, XIII, 131) –, était, selon Athénée (XII, 516 c) le fromage « le plus apprécié des tables athéniennes ». Voir aussi Aristote, *Histoire des animaux* (III, 21) et Élien, *La personnalité des animaux* (XVI, 32).

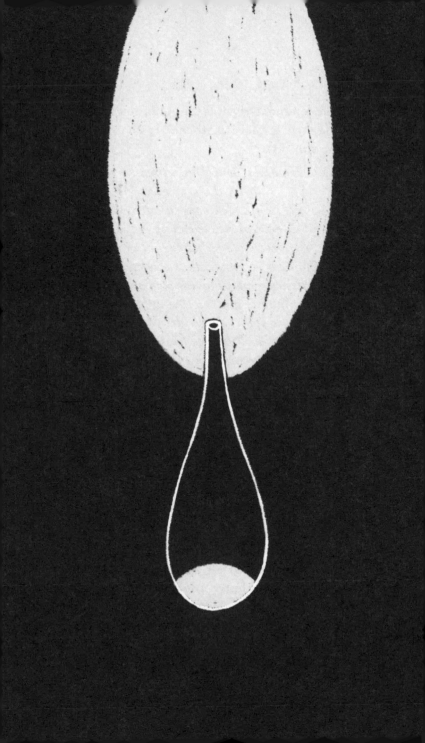

Voilà comment vivait celui qui enseignait que la fin suprême était le plaisir. Athénée le chante dans l'épigramme suivante :

[12] *Hommes, vous vous nuisez en recherchant*
ce qu'il y a de pire,
Et, insatiables, vous suscitez querelles
et entreprenez guerres pour le gain,
Alors que la richesse selon la nature
Contient ces maux dans une étroite limite,
Quand les jugements vains leur ouvrent une route infinie.
Voilà ce que Néoclès, enfant avisé,
a appris auprès des Muses,
À moins qu'il ne l'ait trouvé chez la Pythie,
avec ses saints trépieds.

Nous saurons tout cela lorsque nous serons plus avancés dans la connaissance de ses enseignements et de ses discours.

Selon Dioclès, parmi les Anciens, c'est à Anaxagore qu'il devait le plus, même si, dans un certain nombre de ses livres, il s'est opposé à lui ; il faut citer également Archélaos, le maître de Socrate. Il ajoute qu'il entraînait aussi ses disciples à connaître par cœur ses écrits. [13] Apollodore, dans ses *Chroniques*, dit qu'il avait suivi l'enseignement de Nausiphane ainsi que de Praxiphane (il est vrai qu'Épicure le dément et affirme, dans sa lettre à Euryloque, que c'était lui qui était son auditeur). Il nie également, et Hermarque tout autant que lui, qu'il y ait jamais eu un Leucippe philosophe, alors que certains (et de leur nombre l'épicurien Apollodore) affirment qu'il avait été le maître de

Démocrite. Démétrios de Magnésie dit qu'il fut aussi l'élève de Xénocrate.

Son style, quand il parlait des choses, était remarquablement précis, mais le grammairien Aristophane le trouvait très particulier, et le lui reprochait. Il était clair, au point que, dans son traité *Sur la rhétorique*, il juge qu'il n'y a rien à demander d'autre que la clarté, et, dans ses lettres, [14] à la place de « salut ! », il écrivait : « porte toi bien ! » et « vis honnêtement ! ».

Antigonos dit, dans sa *Vie d'Épicure*, qu'il a écrit son *Canon* en tirant son inspiration du *Trépied* de Nausiphane, dont il dit aussi avoir suivi les leçons, sans oublier le platonicien Pamphile, à Samos. Il dit encore qu'il commença à philosopher à douze ans et qu'il a pris la direction de son école à trente-deux ans.

Selon Apollodore, dans ses *Chroniques*, il est né en l'an III de la cent-neuvième olympiade[7], sous l'archontat de Sosigénès, le sept du mois de Gamélion[8], sept ans après la mort de Platon. Il avait trente-deux ans lorsqu'il fonda sa première école à Mytilène, [15] puis à Lampsaque, pour cinq ans, avant de rejoindre Athènes où il mourut l'an II de la cent vingt septième Olympiade[9], sous l'archontat de Pytharatos, à l'âge de soixante-douze ans. C'est Hermarque de Mytilène, le fils d'Agémortos, qui prit sa succession à la direction de l'école. Quant à lui, il mourut avec un blocage des reins, consécutif à la maladie de la pierre, après quatorze jours de maladie, aux dires d'Hermarque, dans ses lettres. C'est ce

---

7. En 341 av. J.-C.
8. Ce mois recouvre en partie décembre et janvier.
9. 271 av. J.-C.

que dit également Hermippe, qui précise : [16] il serait entré dans une baignoire d'airain remplie d'eau chaude et aurait demandé du vin pur ; l'ayant avalé, il aurait demandé à ses amis de se souvenir de ses enseignements et serait mort de cette façon. Voici les vers que nous avons composés pour lui :

« *Réjouissez-vous, et gardez en mémoire mes enseignements !* »

Telles sont les dernières paroles qu'Épicure mourant adressa à ses amis.

Il se plongea alors dans une baignoire d'eau chaude, et avala une coupe de vin pur :

Puis il fut avalé par le glacial Hadès.

Telle fut donc la vie de l'homme, et voilà ce que fut sa mort.

Il rédigea son testament en ces termes :

« Par cet acte, je lègue tous mes biens à Amynomaque de Baté, fils de Philocrate, et à Timocrate de Potamos, fils de Démétrios, conformément à la donation qui a été consignée à l'intention de chacun d'eux dans le Métrôon[10], aux conditions suivantes : [17] ils donneront le jardin et ses dépendances à Hermarque de Mytilène, fils d'Agemortos, à ceux qui philosophent avec lui, et à ceux qu'Hermarque laissera pour lui succéder en prenant la suite de l'enseignement, pour y vivre en cultivant la philosophie. Ils le donneront, pareillement, à tous ceux qui philosopheront sous mon nom, de façon à conserver autant que possible, avec Amynomaque, et Timocrate, l'école qui est dans mon jardin. Je demande instamment et fermement que leurs successeurs, eux aussi, usent du

---

10. Ce temple tire son nom de la Mère des dieux dont il abritait une statue. On y déposait les archives.

jardin exactement comme mes disciples le leur auront transmis. La maison qui est à Mélite, Amynomaque et Timocrate la transmettront à Hermarque et à ceux qui philosophent avec lui tant qu'Hermarque sera vivant.

[18] Sur les revenus des biens laissés par moi à Amynomaque et Timocrate, ils prélèveront ce qu'il faudra, en accord avec Hermarque pour célébrer les anniversaires de la mort de mon père, de ma mère et de mes frères, ainsi que l'anniversaire de ma naissance, chaque année, dans la première dizaine du mois de Gamélion. Ils prendront soin aussi que l'assemblée des philosophes de mon école, fixée au vingt de chaque mois, évoque ma mémoire et celle de Métrodore. Ils célébreront aussi, comme je l'ai fait moi-même, l'anniversaire de mes frères au mois de Poséidon[11] et celui de Polyène au mois Métagitnion[12]. [19]

Amynomaque et Timocrate prendront soin aussi d'Épicure, le fils de Métrodore, et du fils de Polyène, tant qu'ils cultiveront la philosophie et vivront avec Hermarque. Ils prendront soin aussi de la fille de Métrodore, et quand elle en aura l'âge, ils la marieront à celui de ses disciples qu'Hermarque choisira parmi ses disciples, si du moins elle est rangée, et soumise à Hermarque. Amynomaque et Timocrate prélèveront sur les revenus que je laisse de quoi assurer leur entretien, chaque année, en accord avec Hermarque, qui sera fait responsable avec eux de la gestion de ces revenus : tout devra être décidé en accord avec lui qui a vieilli avec moi

---

11. Novembre-décembre.
12. Juillet-août.

dans la philosophie, et que j'ai mis, après moi, à la tête de mon école. Pour en revenir à la jeune fille, quand elle aura atteint l'âge d'être mariée, Amynomaque et Timocrate lui attribueront une dot dont ils estimeront l'importance en accord avec Hermarque et qu'ils prendront sur mon bien.

Enfin, ils prendront soin de Nicanor comme je l'ai fait moi-même, afin de mettre à l'abri du besoin, autant qu'il est en moi, chacun de ceux qui ont cultivé la philosophie avec moi, qui m'ont apporté leur aide en tout, qui ont toujours été à la hauteur de notre amitié, et ont choisi de vieillir avec moi dans la philosophie.

Je donne tous mes livres à Hermarque. S'il arrive quelque chose à Hermarque, avant que les enfants de Métrodore ne soient devenus grands, il reviendra à Amynomaque et Métrodore de s'en occuper, afin que tout se passe bien et qu'ils aient de quoi vivre, dans la mesure du possible, en puisant dans les revenus que j'aurai laissés. Et pour tout le reste, qu'ils veillent à tout ce que j'aurai arrêté, afin que tout se fasse convenablement.

Enfin, parmi mes esclaves, j'affranchis Mus, Nicias et Lycon. Et je donne également sa liberté à Phèdre. »

[22] Au moment de mourir, il écrivit cette lettre à Idoménée :

« Je t'écrivais ces lignes au dernier et au plus heureux jour de ma vie. Je souffrais de douleurs à la vessie et au ventre, sans relâche et plus terribles que tout. Mais je résiste à toutes ces souffrances grâce au plaisir de l'âme que me procurait le souvenir de nos recherches et de nos entretiens. Quant à toi, tu prendras soin des enfants de

Métrodore, tu le feras au nom de notre amitié de jeunesse, et pour la philosophie. »

Ainsi en disposa-t-il.

Il eut beaucoup de disciples : Métrodore l'Athénien, Timocrate et Sandès de Lampsaque sont très illustres. Dès que ce dernier eût fait la connaissance du grand homme, il ne le quitta plus, sauf pendant six mois pendant lesquels il rentra chez lui, pour revenir un peu plus tard.

C'était un homme parfaitement bon, comme l'atteste Épicure lui-même dans des écrits antérieurs et dans le troisième livre de son Timocrate. [23] Voilà comment il était : il donna en mariage à Idoménée sa sœur Batis, et il recueillit la prostituée d'Attique Léontion qu'il prit comme concubine. Ajoutons qu'il était imperturbable face aux événements malheureux et à la mort, comme le dit Épicure dans le premier livre du Métrodore. On dit aussi qu'il mourut sept ans avant lui, dans le cours de sa cinquante troisième année ; il est clair que c'est en raison de sa mort prématurée qu'Épicure lui-même, dans le Testament dont nous venons de parler, veille à ce qu'on prenne soin de ses enfants. Il compta aussi dans son entourage un individu assez frivole, Timocrate, un frère – dont nous avons déjà parlé – de Métrodore.

[24] Voici quels sont les livres de Métrodore : trois livres *Contre les médecins*, un *Sur les sensations*, le *Contre Timocrate*, le *Sur la grandeur d'âme*, le *Sur la faiblesse de constitution d'Épicure*, le *Contre les dialecticiens*, les neuf livres du *Contre les sophistes*, le *Sur la voie de la sagesse*, le *Sur le changement*, le *De la richesse*, le *Contre Démocrite*, le *De la Noblesse*.

N'oublions pas Polyène, le fils d'Athénodore, de Lampsaque, plein de douceur et d'amabilité, à ce que disent les disciples de Philodème ; ni son successeur Hermarque de Mytilène, fils d'Agémortos. Son père était pauvre, mais, à ses débuts, il se consacrait à la rhétorique. On rapporte qu'il est lui aussi auteur de quelques beaux livres que voici : [25] vingt-deux livres d'un *Sur Empédocle*, par lettres ; un *Sur les étudiants* ; un *Contre Platon*, un *Contre Aristote*. Il mourut de paralysie, mais ce fut quelqu'un d'important.

Citons pareillement Léonteus de Lampsaque et sa femme, Thémista, contre laquelle Épicure a aussi écrit ; et ajoutons Colotès et Idoménée, eux aussi de Lampsaque, qui furent également illustres ; comme Polystrate, le successeur d'Hermarque qui eut pour successeur Denys auquel succéda Basilide. Illustre aussi Apollodore, le Roi du Jardin, qui écrivit plus de quatre cents livres ; les deux Ptolémée d'Alexandrie, le Noir et le Blanc ; Zénon de Sidon, qui suivit les leçons d'Apollodore et écrivit toutes sortes de livres ; [26] Démétrios dit Lacon ; Diogène de Tarse, celui des Conférences choisies ; Orion, et quelques autres, que les Épicuriens traditionnels traitent de sophistes.

Il y eut trois autres Épicure : le deuxième, c'est le fils de Léonteus et de Thémista ; Le troisième était natif de Magnésie ; le quatrième était un gladiateur.

Épicure fut l'auteur d'un très grand nombre de livres. Il a dépassé tous les auteurs avec plus de trois cents volumes. On n'y trouve aucune citation étrangère, et tout ce qu'il dit est de lui, de première main. Selon Carnéade, Chrysippe voulait rivaliser avec lui en prolixité et il le qualifie de « parasite de ses livres » : il suffisait qu'Épicure sorte un ouvrage pour que Chrysippe, de jalousie, se hâte d'en faire autant. [27] C'est pour cela qu'il s'est souvent répété et qu'il a écrit n'importe quoi, sans le revoir ; il y a tellement de citations qu'elles seules suffisent à remplir ses livres, comme on le voit aussi chez Zénon et chez Aristote.

Voilà ce qu'on peut dire de la quantité et de la qualité de ses écrits. Voici les meilleurs :

De la Nature, trente-sept livres,
Des Atomes et du Vide,
De l'Amour,
Abrégé du Contre les physiciens,
Contre les Mégariques,
Diapories,
Maximes capitales,
De ce qu'on doit rechercher et fuir,
De la Fin,
Du Critère ou Canon,
Chérédème,
Des Dieux,
De la Piété,
Hégésianax,
Des Genres de vie, quatre livres,
Des Actes justes
Néoclès, à Thémista,
Le Banquet,
Eurylochus, à Métrodore,
De la Vue,
Sur l'Angle de l'atome,
Sur le Toucher,
Sur le Destin,
Sur les Passions,

Maximes à Timocrate,
Le Pronostic
Protreptique,
Sur les Simulacres,
Sur l'Imagination,
Aristobule,
De la Musique,
Sur la Justice et les Vertus,
Des Dons et de la Reconnaissance,
Polymède,
Timocrate, trois livres,
Métrodore, cinq livres,
Antidore, deux livres,
Sur les Maladies
Maximes à Mithrès,
Callistolas,
De la Royauté,
Anaximène,
Lettres.

[28] Je vais essayer de faire ressortir l'essentiel de ces œuvres en donnant ici trois lettres de lui, dans lesquelles il résume lui-même toute sa philosophie. [29] Nous donnerons aussi ses *Maximes capitales* et tout ce qui nous a paru digne d'être retenu dans ses paroles. Comme cela, tu pourras te faire une idée de l'homme sous tous ses aspects et juger en connaissance de cause.

La première lettre est adressée à Hérodote et concerne la nature ; la deuxième est adressée à Pythoclès et concerne les phénomènes célestes ; la troisième est adressée à Ménécée, et on y trouve ce qui se rapporte aux genres de vie. Avant de commencer par la première, quelques mots sont nécessaires pour exposer la division de la philosophie, selon notre auteur.

La philosophie est divisée en trois parties : canonique, physique et éthique. [30] La canonique donne les voies d'accès au contenu traité et tient en un seul livre qui porte le nom de *Canon*. La physique, c'est-à-dire l'ensemble de la connaissance de la nature se trouve dans les 37 livres du *Sur la Nature* et dans les lettres qui en traitent les éléments.

Enfin l'éthique traite de ce qu'il faut rechercher ou fuir, elle se trouve dans les livres du *Sur les genres de vie*, dans des lettres et dans le *Sur la fin*. On a l'habitude de classer ensemble la canonique et la physique. On désigne la canonique par les titres de *Sur le critère et le principe*, et *Théorie des éléments*, et la physique par celui de *Sur la génération et la corruption* et *Sur la nature*. Quant à l'éthique, on a *De ce qu'il faut rechercher ou fuir*, et *Sur les genres de vie et la fin*.

[31] La dialectique, ils la tiennent pour inutile et la rejettent. Il suffit en effet que les physiciens progressent en suivant les appellations des choses. Et assurément, Épicure affirme dans son *Canon* que les critères de la vérité sont les sensations, les anticipations et les affections ; à quoi les épicuriens ajoutent les représentations imaginaires de la pensée. Il dit aussi, dans son abrégé À Hérodote et dans les *Maximes capitales* que la sensation est toujours dépourvue de raison et incapable d'aucune mémoire. En effet, elle ne procède pas de son propre mouvement, et comme elle est mue par autre chose, elle ne peut rien ajouter, ni rien enlever à la représentation. Nous ne disposons de rien qui donne la possibilité de les réfuter : [32] ce n'est pas une

autre sensation, de même nature, qui le pourra, les deux étant de force égale ; et ce n'est pas non plus une sensation d'une autre nature qui réfutera une sensation d'une autre nature, car leur pouvoir de discriminer ne porte pas sur les mêmes objets. Et ce ne sera pas non plus la raison, puisque tout raisonnement prend appui sur les sensations. Aucun sens ne réfute un autre sens, car nous sommes attentifs à tous nos sens. Au surplus, le fait que subsistent les objets de la sensation vient confirmer la vérité de nos sensations. Le fait que nous voyons, entendons, souffrons renvoie à quelque chose de stable, d'où il suit que nous ne pouvons atteindre ce qui n'est pas manifeste qu'en partant des apparences sensibles et en les interprétant. Et en effet, toutes les pensées que nous produisons tirent leur origine des sensations, que ce soit par rencontre, par analogie, par ressemblance et association, et tout cela avec l'intervention du raisonnement, si peu que ce soit. On doit même ajouter que les représentations délirantes des insensés, tout comme celles qui surviennent en rêve, sont réelles. Elles produisent un mouvement, en effet, et le néant ne produit aucun mouvement.

[33] Quant à l'anticipation, ils la définissent comme une sorte de perception – ou opinion droite, ou notion, ou concept universel –, logée en nous. Autrement dit, elle est mémoire de ce qui s'est, à plusieurs reprises, manifesté à nous de l'extérieur : par exemple, quand on dit « voilà un homme », au moment où nous proférons le mot *homme*, au même instant, par une anticipation, nous en concevons aussi la figure, étant admis que les sensations ont précédé. Alors, ce qui se tient originairement sous chaque mot devient visible, et nous n'aurions pas cherché ce que

nous cherchons si nous n'en avions pas eu connaissance auparavant. Ainsi, quand on nous demande : « ce qui se tient là-bas au loin, est-ce un cheval ou un bœuf ? », il faut en effet que, par une anticipation, nous ayons déjà eu connaissance, jadis, de la forme extérieure du cheval et du bœuf. Et nous ne nommerions jamais rien si nous n'en avions auparavant connu le type par une anticipation. Les anticipations sont donc manifestes.

Ce n'est pas tout. L'objet d'opinion se fonde sur quelque chose de clair et d'antérieur à quoi nous renvoyons quand nous parlons. Par exemple : « Qu'est-ce qui nous permet de savoir que ceci est un homme ? » Ils appellent aussi l'opinion supposition, et ils disent qu'elle est vraie ou fausse. [34] Si elle est confirmée, ou non infirmée, elle est vraie ; et si elle n'est pas confirmée ou se trouve infirmée, elle est fausse. De là l'introduction d'une précision supplémentaire : comme ce qui est en attente, ou proche, d'une confirmation, quand il faut s'approcher de la tour, pour être sûr que c'en est bien une.

Il existe deux affections, le plaisir et la douleur, chez tous les animaux. La première est conforme à sa nature, la seconde lui est étrangère, et c'est par elles qu'ils jugent de ce qu'ils doivent rechercher ou fuir.

Une partie de ce qu'ils cherchent concerne des réalités, les autres n'ont de réalité que bien mince ou en paroles. Voilà pour ce qui est de la division de la philosophie, du critère et des éléments.

2 – Vie d'Épicure [135-138]

[135] Dans d'autres ouvrages, Épicure rejette la divination dans son intégralité, comme il le fait dans son *Petit abrégé*. Et il dit : « Même si elle existait, la divination n'existe pas en tant que divination ; de son point de vue, ce qui arrive n'est rien pour nous ». C'est aussi ce qu'il dit sur les genres de vie, dont il parle plus abondamment ailleurs.

[136] Il est en désaccord avec les Cyrénaïques[13] sur la doctrine du plaisir. Ceux-ci en effet ne rapportent pas le plaisir au repos, mais le mettent dans le seul mouvement ; lui, au contraire, admet les deux définitions, qu'il s'agisse du plaisir de l'âme ou de celui du corps. C'est ce qu'il dit dans son traité *De ce qu'on doit rechercher et fuir*, dans le *De la Fin*, dans les livres du *Des Dieux* et dans le *Des Genres de vie*, ainsi que dans la *Lettre aux amis de Mytilène*. Diogène s'exprime de la même manière au Livre XVII de ses *Remarques choisies*, ainsi que Métrodore dans le *Timocrate*. Voici comment ils parlent : « en son concept, le plaisir est tout autant en mouvement qu'en repos ». Et Épicure, dans son *Sur les choix*, affirme : « L'absence de trouble et de peine sont des plaisirs en repos, mais la joie et la bonne humeur apparaissent en mouvement lorsqu'ils sont en acte ».

Il s'oppose encore aux Cyrénaïques sur un point : ces derniers croient que les douleurs du corps sont pires que celles de l'âme, prenant argument du fait que l'on applique aux coupables des châtiments corporels ; Épicure pense que ce sont celles de l'âme, prenant argument du fait que la chair n'est affectée que par le présent, alors que l'âme

---

13. Voir au Livre II des *Vies des philosophes illustres*, le chapitre VIII, §§ 86 et suiv.

soufre du passé, du présent et de l'avenir, si bien que les plaisirs de l'âme, eux aussi sont plus grands.

Pour établir que le plaisir est le souverain bien, il prend appui sur le fait que les animaux, dès leur naissance, et par une disposition de la nature antérieure au raisonnement, se plaisent au plaisir et protestent contre la douleur. Nous fuyons la douleur spontanément. C'est si vrai que Hercule lui-même, dévoré par sa tunique[14], ne peut étouffer ses cris :

> *Il mord et il crie ; les rochers alentour gémissent,*
> *Les monts de Locres, et les cimes abruptes de l'Eubée[15].*

Même la vertu, c'est pour le plaisir qu'on la choisit, non pour elle-même ; de même qu'on choisit la médecine pour la santé, comme Diogène qui dit, dans ses *Remarques choisies* (au Livre XX), que tout chemin est un chemin de traverse. Quant à Épicure, il affirme que seule la vertu est inséparable du plaisir, alors que tout le reste, à la façon des aliments, en est séparable.

Mais maintenant, apportons la couronne, pourrait-on dire, qui doit parfaire l'ouvrage et la vie du philosophe, en donnant ses *Maximes capitales*. Par elles, l'œuvre entière se refermera sur sa conclusion, et la fin sera le commencement du bonheur.

---

14. Il s'agit de la tunique de Nessus.
15. Cf. Sophocle, *Les Trachiniennes*, v. 786-788.

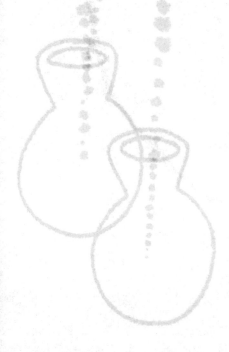

LETTRE À MÉNÉCÉE

LETTRE À MÉNÉCÉE

Un jeune homme ne doit point différer de se mettre à la philosophie ; mais un vieillard ne doit pas non plus s'en lasser ; car, qui que l'on soit, il n'est jamais ni trop tôt ni trop tard pour prendre soin de son âme. Celui qui dit que le moment n'est pas encore venu de philosopher, ou que ce moment est passé est comparable à quelqu'un qui dirait que le moment du bonheur n'est pas encore venu, ou qu'il n'en est plus temps. Qu'on soit jeune ou qu'on soit vieux, il faut philosopher : dans ce dernier cas, c'est pour vivre une nouvelle jeunesse comblée de biens, en prenant de l'âge, mais enchanté par le souvenir du passé ; et dans le premier cas, c'est pour jouir en même temps, encore jeune, des avantages de la jeunesse et de ceux de l'âge en s'épargnant la crainte de l'avenir. Car il faut s'instruire de ce qui produit le bonheur : quand on le possède, nous n'avons besoin de rien de plus ; quand il est absent, nous n'épargnons aucun effort pour l'obtenir.

Mets en œuvre et médite ce que je t'ai rappelé sans relâche ! Comprends qu'il s'agit des principes élémentaires du bien vivre. En premier lieu, il faut reconnaître que le dieu est un vivant incorruptible et bienheureux, conformément à la notion qu'on s'en fait communément. Ne lui attribue en rien ce qui va contre l'incorruptibilité ou ne convient pas à la béatitude. Représente-le-toi, au contraire, en lui attribuant tout ce qui peut aller dans le sens de l'incorruptibilité et de la béatitude. Car il y a des dieux, nous le savons clairement. Simplement, ils ne sont pas comme le croit la multitude car ils ne sont pas tels que le culte correspondant à ce qu'elle en croit puisse conduire à les conserver. L'impie n'est pas celui qui récuse les dieux de la multitude, mais au contraire celui qui suit la multitude dans ses opinions sur les dieux. Les affirmations de la multitude sur les dieux ne sont pas des anticipations, mais des hypothèses mensongères dont il ressort que les dieux envoient les pires malheurs aux méchants mais des bienfaits aux bons.

N'ayant pas la moindre idée de vertus autres que ses propres vertus particulières, la multitude ne reçoit pour dieux que les êtres qui lui ressemblent, et tient pour étranger aux dieux tout ce qui ne lui ressemble pas.

Fais-toi aussi une habitude de croire que la mort n'est rien pour nous, parce que tout bien comme tout mal réside dans la sensation et que la mort nous prive de la sensation. Par suite, la droite connaissance de ce fait que la mort n'est rien pour nous fait de cette vie mortelle une chose dont on peut jouir, sans avoir à y ajouter une durée infinie, en nous ôtant le regret de l'immortalité. En effet, il n'y a rien de redoutable dans la vie pour celui qui a compris, par une vraie connaissance, qu'il n'y a rien de terrible dans le fait de ne pas vivre. Il en résulte que cela n'a pas de sens de dire que nous redoutons la mort non parce qu'elle nous afflige lorsqu'elle est là, mais parce que son attente nous afflige. En effet, quand elle est là, elle ne nous fait rien, et quand nous l'attendons, nous nous chagrinons pour rien. Ainsi, le plus effroyable de tous les maux, la mort, n'est rien pour nous, puisque tant que nous existons la mort n'est pas là, et que, justement quand la mort arrive, alors, c'est nous qui nous ne sommes plus. La mort n'est donc rien, ni pour les vivants, ni pour les morts puisque pour les uns elle n'est pas, et pour les autres, ce sont eux qui ne sont plus. Il reste que la plupart des gens tantôt fuient la mort parce qu'ils y voient le plus grand des malheurs, tantôt la recherchent parce qu'ils y voient la fin des malheurs de l'existence ; quant au sage, il ne refuse pas la vie, mais il ne craint pas non plus de ne pas vivre ; en effet, il sait qu'il n'est point en son pouvoir de conserver sa vie, mais il ne considère pas comme un mal de ne plus vivre. De même qu'il ne choisit jamais les nourritures les plus abondantes, mais toujours les plus agréables ; de même le sage ne cueille pas le moment le plus long mais le plus agréable. Proclamer que la vie doit être belle pour le jeune homme, et que pour le vieillard, c'est la mort qui doit l'être, c'est faire preuve de candeur, non seulement parce que vivre est une joie, mais aussi parce que bien vivre et bien mourir relèvent d'une seule et même préparation. Mais c'est bien pire encore de dire qu'il serait bien de ne pas être né.

Mais une fois né,
D'affronter le plus tôt possible les portes de l'Hadès[1].

---

1. Citation de Théognis, *Élégies*, I, 427. En fait, il s'agit là d'une représentation assez commune, notamment chez les poètes tragiques (voir, par exemple, *Œdipe à Colone*, vers 1217-1219).

Si quelqu'un dit cela sincèrement, pourquoi alors ne quitte-t-il pas la vie ? C'est à la portée de tout un chacun pour peu qu'on le veuille sérieusement. Et s'il dit cela par plaisanterie, il fait montre de futilité sur des choses qui ne s'y prêtent pas. Il faut se souvenir que si les choses futures ne sont pas en notre pouvoir, elles ne sont pas non plus complètement hors de notre pouvoir : il ne faut ni les attendre comme si elles allaient arriver, ni en désespérer comme si elles ne devaient pas du tout arriver.

Nous devons nous servir du raisonnement pour comprendre aussi, que parmi nos désirs, les uns sont naturels, les autres vains, et que, parmi les désirs naturels, les uns sont nécessaires, les autres seulement naturels. Parmi les désirs nécessaires, les uns sont nécessaires au bonheur, les autres à la bonne santé du corps, d'autres à la vie elle-même. Un examen fort simple de ces désirs enseigne que tout ce que nous recherchons et fuyons se ramène à la santé du corps et à la tranquillité de l'âme, puisque c'est là le but de la vie heureuse. Car tout ce que nous faisons, nous le faisons en effet à cette fin : ne pas souffrir et ne pas être en proie à l'inquiétude. À l'instant où nous accédons à cet état recherché, toute tempête présente au fond de l'âme s'apaise, le vivant n'éprouve plus le besoin de se déplacer à la recherche de ce qui pourrait lui manquer, ni de chercher autre chose pour pourvoir pleinement au bien de son âme et de son corps. Nous avons besoin du plaisir lorsque nous souffrons de son absence ; mais lorsque nous ne souffrons pas, nous n'avons plus besoin du plaisir. C'est pour cette raison que nous disons que le plaisir est le principe et la fin de la vie bienheureuse : il est en effet le premier bien que nous connaissons, et il fait partie de notre nature. C'est en fonction de lui que nous définissons ce que nous recherchons et ce que nous fuyons, et c'est en nous référant à lui comme à une règle que nous jugeons de tout bien qui nous affecte. Et, puisque le plaisir est le premier bien et qu'il est ordonné à notre nature, pour cette raison aussi nous ne recherchons pas n'importe quel plaisir : il y a beaucoup de plaisirs que nous laissons de côté, lorsqu'il en résulte pour nous une plus grande douleur. De la même façon, il y a beaucoup de douleurs que nous jugeons préférables aux plaisirs, si, en étant capables de supporter des souffrances plus longtemps, il en résulte pour nous un plus grand plaisir. Tout plaisir est donc un bien, considéré précisément en sa nature propre ; mais tout plaisir n'est pas pour autant à rechercher. De la même façon, toute souffrance aussi est en elle-même un mal, mais toute souffrance n'est pas pour autant intrinsèquement à fuir. Voilà pourquoi il convient de mesurer les avantages et les inconvénients, avant de porter un jugement. Dans certaines circonstances, nous usons d'un bien comme d'un mal, mais dans d'autres circonstances, inversement, nous usons d'un mal comme d'un bien.

Nous pensons que se suffire à soi-même est un grand bien, non pas qu'il s'agisse de toujours vivre de peu, mais parce qu'il faut être capable de se contenter de peu si l'abondance fait défaut, et cela en étant profondément persuadé que c'est lorsqu'on en a le moins besoin que l'on jouit le plus agréablement de l'abondance. Et de la même façon, nous sommes persuadés qu'il est facile de se procurer tout ce qui est naturel, et difficile ce qui est vain. Des mets simples apportent bien la même satisfaction qu'une table somptueuse s'il ne s'agit que de faire disparaître la douloureuse sensation de la faim. Du pain et de l'eau donnent le plaisir le plus haut, à partir du moment où pèse l'urgence du besoin. L'habitude d'un régime simple et sans complication affermit la santé et met l'être humain en mesure d'affronter les besoins de la vie ; elle nous met plus à même d'apprécier les festins qui se présentent, et nous apprend à ne pas craindre les coups du sort. Ainsi, lorsque nous disons que la fin suprême est le plaisir, nous ne parlons pas des plaisirs du débauché, ni de ceux qui résident dans la jouissance, comme on le croit quelquefois par ignorance, ou pour s'opposer à nous, ou encore pour nous nuire ; par plaisir nous entendons l'absence de douleur pour le corps, et de trouble pour l'âme. Ce ne sont point les banquets et les parties de plaisir qui se suivent les unes après les autres, ni les jouissances amoureuses avec les jeunes garçons et les femmes ; ni les poissons et tous ces plats qui garnissent une table somptueuse, qui produisent la vie heureuse ; c'est le raisonnement d'un homme sobre, dégageant jusqu'à leurs racines les causes qui, à chaque fois, nous font rechercher ou fuir quelque chose, et écartant les opinions qui provoquent le plus de trouble pour l'âme. Le principe de tout cela, et le plus grand de tous les biens, est la prudence. Car la prudence mérite d'être plus estimée encore que la philosophie : c'est d'elle que dérivent toutes les autres vertus et qui nous apprend qu'il n'y a pas de vie heureuse sans sagesse, bonté et justice, ni de sagesse, bonté et justice sans vie heureuse. Les vertus sont par nature liées à la vie heureuse, et la vie heureuse en est inséparable. Qui pourrions-nous juger supérieur à l'homme qui a sur les dieux des croyances pleines de piété, qui considère la mort sans la moindre crainte, et qui a compris, par l'usage de la raison, ce qu'est la fin de la nature, à savoir, d'un côté, que le bien est accessible et la distance qui nous en sépare facile à combler ; et de l'autre côté que les maux ne vont pas très loin, n'étant que d'un temps ou n'étant pas trop insupportables ? Cet homme se moque de ce despote, inventé par certains, qui régnerait absolument sur toutes choses, le destin (mais il préfère parler de ce qui arrive par nécessité) : tantôt il y voit le hasard, tantôt il le rapporte à nous en s'appuyant sur le fait que la nécessité nous échappe ou que le hasard est changeant.

Ce qui se rapporte à nous n'est assujetti à rien, ce qui nous rend par nature propres à encourir le blâme comme son contraire. Il est préférable, en effet, d'accepter les mythes que l'on raconte sur les dieux que de s'asservir au destin des physiciens : dans la première hypothèse un espoir se montre de fléchir les dieux en les honorant par des offrandes ; dans la seconde hypothèse, la nécessité est inaccessible aux prières. Quant au hasard, s'il ne le tient pas pour un dieu, à la différence de la foule (car un dieu ne fait rien hors d'ordre), il n'y voit pas pour autant une cause négligeable : il pense que les biens et les maux qui en découlent pour les hommes ne sauraient leur apporter la vie bienheureuse, même s'il est de toutes façons à l'origine de grandes choses en bien et en mal. Le sage estime qu'il vaut mieux manquer de chance en faisant usage de la raison, que réussir en faisant n'importe quoi (ce qu'il y a de mieux, en effet, dans la conduite de la vie, c'est de conduire droitement son jugement, en se pliant à la fortune).

Médite tout cela nuit et jour, tout cela, et ce qui s'y rattache ! seul avec toi-même, ou avec un autre qui te ressemble ; et jamais, ni dans la veille, ni dans tes rêves, tu ne seras troublé. Tu vivras comme un dieu parmi les hommes, car il ne ressemble en rien à un vivant mortel l'homme qui vit au milieu des biens immortels.

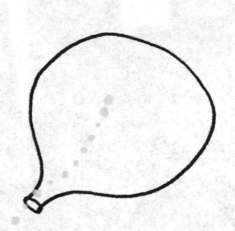

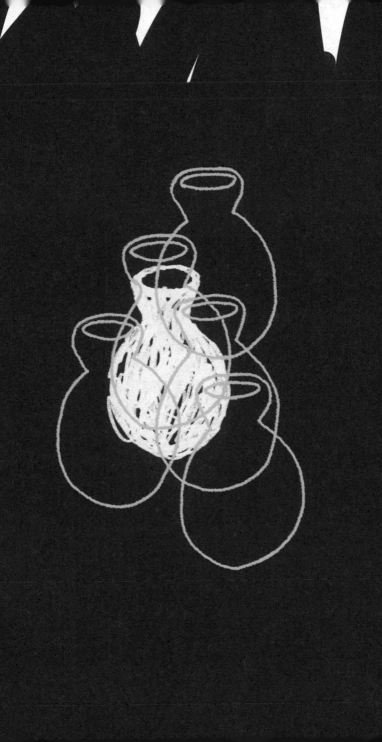

MAXIMES CAPITALES

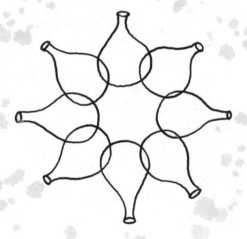

MAXIMES CAPITALES

1. – L'être bienheureux et immortel n'éprouve aucun souci, et n'en donne point aux autres. Il ne montre ni colère ni bienveillance ; car ce genre de choses relève de la faiblesse.

2. – La mort n'est rien pour nous. En effet, ce qui est en décomposition n'éprouve aucune sensation et un corps insensible n'est rien pour nous.

3. – L'intensité des plaisirs a pour limite la suppression de toute douleur. À partir du moment où le plaisir est présent et tout le temps où il subsiste, disparaissent la douleur ou la peine, ou les deux s'ils surviennent à la fois.

4. – La douleur qui atteint la chair ne dure pas sans interruption : c'est quand elle est aiguë qu'elle dure le moins longtemps ; celle qui est ressentie avec plus d'intensité que le plaisir demande quelques jours pour partir ; quant aux souffrances du corps prolongées, elles comportent plus de plaisir que de douleur.

5. – Il n'y a pas de vie agréable sans prudence, sans honnêteté et sans justice ; tout comme il n'y a pas de vie prudente, honnête et juste qui ne soit une vie

agréable. Aucun de ceux dont la vie n'est pas une vie de prudence, d'honnêteté et de justice ne saurait vivre agréablement.

6. – Le pouvoir et la royauté ne sont des biens conformes à la nature, dans la mesure où on en attend la sécurité par rapport aux menaces des hommes ; mais ils ne sont tels qu'en tant qu'ils nous procurent cette sécurité.

7. – Certains veulent se couvrir de gloire et être renommés ; ce faisant, ils croient se mettre en sûreté par rapport aux autres hommes. Par suite, si ce genre de vie leur procure la sécurité, ce qu'ils ont obtenu est un bien par nature ; mais si, ce faisant, ils ne trouvent pas la sécurité, alors ils n'obtiennent pas ce pour quoi, au départ, ils ont désiré le pouvoir : c'est-à-dire quelque chose qui soit proprement un bien naturel.

8. – Aucun plaisir n'est en lui-même un mal ; mais ce qui produit certains plaisirs apporte plus de troubles que de plaisirs.

9. – Si chaque plaisir devenait envahissant et prenait possession de l'agrégat de notre nature pendant un certain temps, en sa totalité ou en ses parties les plus importantes, les plaisirs ne différeraient plus les uns des autres.

10. – Si les plaisirs comme ceux que prennent les débauchés pouvaient dissiper les craintes qui assiègent notre pensée et les terreurs que nous inspirent les phénomènes célestes, la mort et la souffrance ; s'ils nous enseignaient jusqu'où peuvent aller nos désirs,

nous n'aurions rien à reprocher à ces gens puisque, comblés par ces plaisirs de part en part, ils ne connaîtraient en rien ni la douleur ni l'inquiétude, qui sont les seuls maux véritables.

11. – Si le spectacle des phénomènes célestes ne nous apportait aucun trouble, si nous n'étions point sujets à la crainte de la mort, si nous n'étions pas incapables de comprendre que nos douleurs ont des limites tout comme nos désirs, alors nous n'aurions pas besoin du secours de la physique.

12. – Il n'est pas possible de dissiper les craintes concernant les grandes questions quand on ignore la nature du Tout et que l'on se sent plus ou moins accessible à la mythologie. C'est pour cette raison qu'il n'est pas possible d'éprouver des plaisirs sans mélange si on n'a pas étudié la physique.

13. – Cela ne sert à rien d'organiser sa sécurité par rapport aux menaces des hommes, si on conserve des inquiétudes par rapport monde céleste et à ce qui se passe dans les régions souterraines, ou, en un mot, par rapport à l'illimité.

14. – La sécurité en ce qui concerne les menaces des hommes, peut, jusqu'à un certain point, être le fait de telle ou telle puissance, mais la moins discutable, la plus efficace et la plus pure est celle qu'on obtient par la tranquillité d'âme et en restant à l'écart de la foule.

15. – La richesse selon la nature est bien définie et facile à acquérir ; mais celle après laquelle font courir les opinions vaines tombe dans l'illimité.

16. – La fortune n'a pas beaucoup de prise sur le sage. Ce dernier, en revanche, poursuit au moyen du raisonnement et tout au long de sa vie les choses les plus grandes et les plus importantes.

17. – L'homme juste vit dans une tranquillité parfaite ; l'homme injuste est rempli de trouble.

18. – Une fois que la souffrance, effet d'une privation, a été supprimée, le plaisir du corps ne peut plus s'accroître. Il peut seulement varier. Quant à ce qui limite le plaisir dans la pensée, c'est de ressasser toutes ces idées, et toutes les représentations du même genre, qui y entretiennent la crainte.

19. – Un plaisir d'une durée illimitée est égal à celui d'une durée limitée, si l'on estime l'étendue du plaisir au moyen du raisonnement.

20. – Les limites du plaisir dont la chair est capable sont infinies, pourvu qu'on lui laisse aussi un temps infini. La pensée qui a compris par le raisonnement la fin et la limite de la chair et s'est libérée des craintes au sujet de l'éternité nous rend aptes à une vie parfaite, sans que nous ayons besoin en plus d'un temps infini. Elle ne fuit pas le plaisir, et, lorsque les choses nous font comprendre qu'il faut se diriger vers la sortie, elle n'aborde pas le passage avec le sentiment que lui aurait échappé quelque chose de ce qu'il y a de meilleur dans l'existence.

21. – Celui qui a compris quelles étaient les limites de la vie sait que les douleurs du manque peuvent passer facilement, et combien il est facile de se ménager une vie entière parfaite ; c'est pourquoi il n'éprouve

en rien le besoin de ces choses qui supposent des batailles.

22. – Il faut considérer la fin telle qu'elle est établie et l'évidence entière sur laquelle nous appuyons nos opinions ; sinon, tout sera mêlé d'incertitude et de trouble.

23. – Si tu récuses toutes les sensations, tu n'auras plus rien à quoi te référer pour juger de celles qui sont mensongères.

24. – Si tu rejettes absolument une sensation, et si tu ne distingues pas dans ce qui relève de l'opinion, ce qui est en attente et ce qui est déjà là par la sensation et par les affections ou par les représentations imaginatives de la pensée, tu vas mettre le trouble dans les autres sensations aussi du fait de cette opinion vaine, si bien que tu excluras toute possibilité d'un critère. Si au contraire tu établis solidement, parmi celles de tes pensées qui sont des opinions, aussi bien ce qui est en attente que ce qui n'a pas à être vérifié, tu ne laisseras pas échapper ce qui est mensonger, et tu auras retenu les approches possibles des jugements, toutes les deux, la correcte et l'incorrecte.

25. – Si, à chaque fois, tu omets de rapporter chacune de tes actions à la fin de la nature, mais que tu te tournes vers autre chose, qu'il s'agisse de fuir ou de rechercher, les actions, chez toi, ne seront pas la suite des paroles.

26. – Parmi les désirs, aucun de ceux qui, lorsqu'ils ne sont pas satisfaits, n'entraînent aucune douleur,

n'est un désir nécessaire. La force pulsionnelle de ces désirs est aisée à dissiper lorsqu'elle a du mal à se réaliser ou lorsqu'elle paraît provoquer dommageable.

27. – Parmi les choses que la sagesse prépare en vue de produire complètement la vie bienheureuse, la plus grande, et de très loin, est la possession de l'amitié.

28. – C'est la même idée qui procure la tranquillité en nous assurant que rien de terrible n'est jamais ni éternel, ni même de longue durée, et qui nous fait voir que la sécurité qui résulte du fait de demeurer dans ses propres limites s'accomplit au plus haut degré par l'amitié.

29. – Parmi les désirs, les uns sont naturels et nécessaires ; d'autres sont naturels, mais non nécessaires ; les autres enfin ne sont ni naturels ni nécessaires, mais naissent à partir d'opinions vaines.

30. – Ceux des désirs naturels qui n'occasionnent pas de douleur lorsqu'ils ne s'accomplissent pas, présentent une tension pulsionnelle forte ; ils surviennent eux-mêmes du fait d'opinions vaines et s'ils ne se dissipent pas, ce n'est pas en raison de leur nature mais en raison de la dépendance des hommes à leurs opinions vaines.

31. – La justice selon la nature symbolise l'utilité qu'il y a à ne pas se faire de dommage les uns aux autres, et à ne pas en subir.

32. – Ceux des animaux qui ne peuvent passer de contrats portant sur les dommages provoqués ou reçus, ne

connaissent en outre ni le juste ni l'injuste. Il en va de même pour les peuples qui n'ont pas pu ou pas voulu faire des contrats portant sur les dommages provoqués ou reçus.

33. – La justice n'est pas en elle-même une réalité ; simplement, lorsque les hommes se rapprochent les uns des autres, quels que soient les pays et les époques, elle est une sorte de contrat portant sur les dommages provoqués ou reçus.

34. – L'injustice n'est pas non plus un mal en soi. Son idée résulte de la crainte que quelqu'un puisse échapper à ceux qui sont chargés d'exécuter les peines.

35. – Il n'est pas possible que celui qui, sans se faire prendre, a provoqué tel ou tel de ces dommages réciproques dont on a convenu qu'on ne devait ni les commettre ni les subir, puisse espérer échapper : même si jusqu'à ce moment, il a échappé mille et mille fois, il n'est pas évident qu'il y échappera jusqu'à la fin.

36. – En ce qui concerne ce qui est commun à tous les peuples, la justice est la même pour tous ; elle est, en effet, utile aux rapports réciproques à l'intérieur d'une communauté. Mais, en ce qui concerne les particularités de chaque contrée et la diversité des circonstances, il en résulte que le juste n'est pas le même pour tous.

37. – Lorsque ses effets sont clairement vérifiés, c'est-à-dire lorsque le juste fait voir son utilité pour les besoins de la communauté mutuelle des hommes,

il porte alors vraiment la marque du juste, qu'il soit le même pour tous, ou non. Mais, si quelqu'un institue une loi sans que cela contribue à l'utilité commune, il ne s'agit plus en ce cas du juste selon la nature. Ajoutons que, même si l'utilité conforme au juste peut venir à changer, cette définition du juste a correspondu un certain temps à la représentation anticipée que l'on en a, et, pendant ce temps, il ne s'agissait pas moins du juste aux yeux de ceux qui ne s'embarrassent pas de paroles vides mais regardent ce qui a vraiment lieu.

38. – Lorsque, en dehors de toute circonstance nouvelle, il apparaît que les lois de justice établies ne correspondent pas, sur les mêmes points, à la préconception qu'on a de la justice, c'est qu'elles n'étaient pas justes. Cela dit, si les circonstances ont changé et que les mêmes lois antérieurement posées ont cessé d'être utiles, alors qu'elles étaient justes à cette époque parce qu'elles contribuaient à l'utilité réciproque des citoyens de cette communauté, c'est que désormais elles ne le sont plus, ayant perdu leur utilité.

39. – Celui qui s'organise le mieux quand il n'est pas tranquille face à ce qui peut arriver de l'extérieur, c'est celui qui fait en sorte, quand c'est possible, d'être du même côté que ce qui va arriver, et quand ça ne l'est pas, de ne pas être dans l'hostilité. Dans les cas où ce n'est pas possible, c'est celui qui reste à l'écart de l'événement ou le réduit à rien, si c'est son intérêt.

40. – Tous ceux qui peuvent s'organiser de façon à se sentir parfaitement en sécurité par rapport à leur entourage vivent leurs rapports mutuels avec les autres avec le plus grand plaisir. Ils se reposent sur la plus solide des confiances ; ils en retirent la plus douce des amitiés et ils ne se lamentent pas, comme s'ils en avaient pitié, sur la mort prématurée d'un ami.

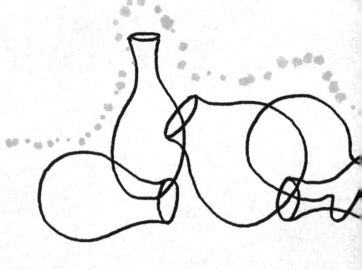

SENTENCES VATICANES

SENTENCES VATICANES[1]

1. – Maxime Capitale, 1

2. – Maxime Capitale, 2

3. – Maxime Capitale, 4

4. – Il est facile de ne pas faire trop de cas de la douleur : quand elle est intense, la douleur ne dure que brièvement, mais quand elle s'empare du corps assez longtemps, elle ne fait pas souffrir beaucoup.

5. – Maxime Capitale, 5

6. – Maxime Capitale, 35

7. – L'homme qui commet l'injustice a du mal à rester caché. Cela dit, il est impossible d'avoir la certitude de rester caché.

---

1. Le recueil qui porte le titre de *Sentences vaticanes* ne se trouve pas dans le Livre X des *Vies* de Diogène Laërce et n'est pas donné dans les *Epicurea* de Hermann Usener. Cet écrit provient d'un manuscrit conservé à la Bibliothèque vaticane et a été découvert en 1888. Il est repris dans le *Gnomologium vaticanum* et a été publié par Miroslav Marcovich (*Diogenes Laertius, Vitae philosophorum*, I, p. 815-816, Teubner, 1999).

8. – Maxime Capitale, 15

9. – La nécessité est un mal, mais il n'y a aucune nécessité à vivre avec la nécessité.

10. – [Métrodore, Fr. 37] Souviens-toi que tu as une nature mortelle et que tu ne disposes que d'un temps limité. Mais grâce aux raisonnements sur la nature, tu t'es élevé jusqu'à l'infini et l'éternité, et tu as compris *ce qui est, ce qui sera et ce qui a été auparavant*[2].

11. – Chez la plupart des hommes, le repos entraîne un engourdissement ; le mouvement produit au contraire une furieuse agitation.

12. – Maxime Capitale, 17

13. – Maxime Capitale, 27

14. – Nous ne naissons qu'une fois. Deux fois, ce n'est pas possible : quand il faut ne plus être, c'est pour l'éternité. Et toi, tu reportes le moment de jouir, alors que ton existence de demain n'est pas ; tout délai est autant de vie supprimée, chacun de nous meurt sans avoir pris le temps de vivre.

15. – Comme nous respectons nos propres coutumes, qu'elles nous soient profitables ou non et enviées du monde entier, pareillement nous devons respecter celles de nos voisins, s'ils ne sont pas malveillants.

16. – Nul, voyant qu'une chose est mauvaise, ne la choisit ; mais si, appâté par un mal plus grand, on croit que c'est un bien, on est pris au piège.

---

2. Cette sentence est attribuée à Métrodore [Fr. 37, éd. A. Körte, *Metrodori Epicurei fragmenta*, 1890] par Clément d'Alexandrie qui le cite en *Stromates*, V, ch. 14, 138].

17. – Ce n'est pas le jeune homme qui est bienheureux, mais le vieillard qui a bien vécu. Le jeune homme en effet, quand il est dans la force de l'âge, a les esprits bouillonnants, il est désorienté et ne sait pas où il va ; le vieillard, au contraire, a mis à l'abri dans la vieillesse, comme dans un port, les biens dont il avait d'abord désespéré, et il les a mis sous clé avec une inébranlable satisfaction.

18. – Si l'on supprime les regards, les rencontres, et le commerce avec autrui, on fait disparaître aussi les transports passionnés de l'amour.

19. – Le vieillard qui ne se souvient pas des biens qui ont été les siens dans le passé est dans l'état d'un homme qui serait né d'aujourd'hui.

20. – Maxime Capitale, 29

21. – Il ne faut pas faire violence à notre nature, il faut la persuader : c'est en satisfaisant les désirs nécessaires que nous pourrons la persuader, mais aussi, s'ils ne nous font pas de tort, les désirs naturels ; ceux qui sont nuisibles, on les écartera sans indulgence.

22. – Maxime Capitale, 19

23. – Toute amitié est recherchée pour elle-même ; cela dit, l'amitié commence avec l'utilité.

24. – Les images des rêves ne tiennent rien de la nature divine et pas davantage de la puissance divinatoire, elles résultent seulement de la rencontre des simulacres.

25. – La pauvreté, si on l'évalue en la rapportant à la fin de la nature, est une grande richesse ; la richesse, quand elle est sans limites, est une grande pauvreté.

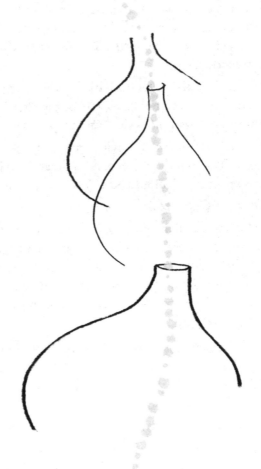

26. – Il faut bien comprendre que le discours ample et le discours concis ont le même objectif.

27. – Dans toutes les activités, on récolte le fruit une fois qu'on les a menées à leur terme en se donnant du mal ; mais, en philosophie, le plaisir va avec la connaissance elle-même : la jouissance ne vient pas après le savoir, mais le savoir et la jouissance sont inséparables.

28. – Il ne faut complimenter ni celui qui penche spontanément vers l'amitié, ni celui qui montre de l'hésitation : parce que, en faveur de l'amitié, il faut savoir prendre tous les risques.

29. – En ce qui me concerne, je préférerais encore, en prenant appui sur la connaissance de la nature, rendre des oracles et proclamer des choses utiles à tous les hommes, même si personne ne devait comprendre, plutôt que me soumettre à l'opinion du vulgaire et récolter en pluie serrée les compliments du plus grand nombre.

30. – Certains tout au long de leur vie, se préparent à la vie, sans voir en même temps que l'on nous a versé à tous, comme un remède, une potion de mort : le poison de la naissance[3].

31. – Il est possible, presque toujours, d'obtenir la sécurité. Simplement, en ce qui concerne la mort, tous les hommes habitent une ville dépourvue de fortifications.

32. – Vénérer le sage est un grand bien pour celui qui le vénère.

---

3. Sentence attribuée à Métrodore, Fr. 53, éd. A. Körte.

33. – Ne pas avoir faim, ne pas avoir soif, ne pas avoir froid : c'est la voix de la chair. Si l'on a les moyens de les satisfaire, et si l'on espère les conserver, on peut prétendre au bonheur.

34. – Nous n'avons pas besoin de nos amis de la même façon si nous en avons simplement besoin, ou si ce dont nous avons besoin est de pouvoir compter sur eux.

35. – Il ne faut pas dévaloriser les choses présentes en désirant celles qui ne sont pas là, mais bien voir que les choses présentes aussi nous les avons désirées.

36. – La vie d'Épicure, comparée à celle des autres, pourrait être tenue pour une fable, en raison de sa douceur et de la manière dont elle se suffisait à elle-même[4].

37. – La nature, quand elle est faible, se rapporte au mal, non au bien : en effet, les plaisirs la conservent, alors que les douleurs la détruisent.

38. – Il est vain de trouver qu'il y a beaucoup de bonnes raisons de quitter la vie.

39. – Celui qui ne recherche que l'utilité n'est point un ami, mais pas non plus celui qui n'accorde aucune place à l'utilité : l'un fait commerce de l'échange gracieux, l'autre supprime l'espoir d'un bien, pour l'avenir.

40. – Celui qui dit que tout se produit selon la nécessité ne saurait rien reprocher à celui qui dit que tout ne se produit pas selon la nécessité : il affirme, en effet, que cela même se produit selon la nécessité.

---

4. Cette sentence est attribuée à Hermarque (Fr. 49, éd. K. Krohn) par Usener (*Kleine Schriften*, I, Leipzig, 1912, p. 186).

41. – Il faut savoir à la fois rire et philosopher, mais aussi gérer son domaine, et faire usage de tout ce que nous avons encore en propre, mais cela, sans jamais nous lasser de donner le champ libre à la voix de la droite philosophie.

42. – Le temps de la réalisation du bien suprême et celui de la libération sont le même.

43. – Aimer l'argent mal acquis est impie, aimer l'argent honnête est honteux : car l'avarice sordide, même conforme à la justice, est déshonorante.

44. – Face aux nécessités de la vie, le sage a compris qu'il vaut mieux donner que prendre. Tel est le trésor inestimable qu'il a trouvé : savoir se suffire à soi-même.

45. – L'étude de la nature ne produit pas des prétentieux, ni des maîtres de la parole, ni des bonimenteurs venant afficher une culture et des manières admirées de la foule, elle produit des hommes fiers, qui se suffisent à eux-mêmes, et ne doivent d'être ce qu'ils sont qu'à leurs biens propres, sans se gonfler d'orgueil pour des raisons qu'ils ne doivent qu'aux circonstances.

46. – Poursuivons et rejetons complètement nos mauvaises habitudes, comme s'il s'agissait de malfaiteurs qui, longtemps, nous auraient fait beaucoup de mal.

47. – Je suis allé plus vite que toi, Fortune, et j'ai résisté à toutes tes intrusions. Nous ne nous livrerons jamais nous-même à toi ni à aucune autre puissance extérieure, mais lorsque le destin nous fera sortir, nous lancerons un grand crachat sur la vie et sur ceux qui s'y attachent en vain, et nous sortirons de la vie en chantant haut

et fort un péan plein de beauté proclamant que nous avons bien vécu[5].

48. – Tant que nous sommes en chemin, il faut tenter de faire en sorte que ce qui est devant nous soit meilleur que ce qui se trouve avant. Mais une fois parvenus au terme, il faut se réjouir de tout, sans exception.

49. – Maxime Capitale, 12

50. – Maxime Capitale, 8

51. – J'apprends que le mouvement de la chair est chez toi fort généreux pour la relation amoureuse. En ce qui te concernes, si tu n'enfreins pas les lois, si tu n'ébranles pas les bonnes mœurs en place, si tu n'afflige pas quelqu'un de tes proches, si tu n'exténues pas ta chair et si tu ne détruis pas les nécessités vitales, suis ton propre désir comme bon te semble. Mais il n'y a pas moyen de le faire sans que l'une au moins de ces circonstances ne soit le cas. Car les choses de l'amour ne sont jamais profitables, et il faut se féliciter quand elles ne nous font pas de mal[6].

52. – Le cortège de l'amitié fait le tour du monde habité, héraut qui nous donne à tous l'ordre de nous réveiller et d'accéder à la vie bienheureuse.

53. – Il ne faut envier personne : les bons ne méritent pas qu'on les jalouse, quant aux méchants, plus ils ont de succès plus ils se déconsidèrent eux-mêmes.

---

5. Sentence attribuée à Métrodore, Fr. 49, éd. A. Körte. Cf. Cicéron, *Tusculanes*, V, ch. 9, 27).

6. Le papyrus portant cette sentence la mentionne comme une *Lettre* de Métrodore à Pythoclès.

54. – Il ne s'agit pas de donner l'apparence de philosopher, mais de philosopher réellement : n'est-il pas vrai, en effet, que nous n'avons pas besoin de paraître en bonne santé, mais de l'être vraiment ?

55. – Le remède aux malheurs consiste être satisfait d'avoir possédé ce qu'on a perdu et à bien comprendre qu'il est impossible de faire que ce qui est arrivé n'ait pas eu lieu.

56. – Le sage ne souffre pas plus quand il est soumis à la torture que si c'était son ami qui l'était.

57. – Effet de l'incertitude : sa vie entière sera bouleversée et contrariée.

58. – La répétition des occupations quotidiennes de la vie et de la politique est une prison dont il faut s'évader.

59. – Ce n'est pas le ventre qui est insatiable, contrairement à ce que dit la foule, mais c'est l'opinion selon laquelle on pourrait le remplir sans limites qui est mensongère.

60. – Chaque homme quitte la vie comme s'il venait de naître.

61. – Avoir notre prochain devant les yeux est aussi une belle chose : cela contribue grandement à renforcer l'accord de la communauté qui repose d'abord sur des liens de parenté.

62. – Lorsque les parents se mettent à bon droit en colère contre leurs enfants, il est assurément vain de s'y opposer et d'intercéder pour obtenir le pardon ; en revanche, si ce n'est pas à bon droit et si leur colère est manifestement déraisonnable, il est parfaitement

ridicule d'exciter leur déraison en jetant de l'huile sur le feu, au lieu de chercher, en procédant autrement, à en faire des parents compréhensifs.

63. – Il y a, même dans l'ordre du petit, une juste approche : celui qui ne s'y range pas fait une expérience comparable à celle de celui qui échoue, faute de respecter les limites.

64. – L'éloge que l'on obtient des autres doit venir de lui-même, spontanément ; mais pour ce qui est de nous-mêmes, notre propre guérison doit en tenir lieu.

65. – Il est vain de demander aux dieux ce que l'on est capable se procurer par ses propres moyens.

66. – Partageons ce qui arrive à nos amis non en pleurant, mais par la réflexion.

67. – Une vie libre ne peut prétendre à l'acquisition de grandes richesses, du fait qu'il n'est pas facile de les avoir sans s'asservir à la foule ou aux puissants. En revanche celui qui mène une vie libre possède tout avec une abondance qui ne fait jamais défaut ; et si jamais il vient à disposer de grandes richesses, il n'éprouvera aucune difficulté à les distribuer, par bienveillance pour son prochain.

68. – Rien n'est jamais suffisant pour celui à qui le suffisant paraît peu.

69. – Quand l'âme ne connaît pas son bonheur, cela pousse le vivant à varier indéfiniment les genres de vie.

70. – Il faudrait que jamais dans ta vie tu ne fasses quoi que ce soit qui, connu de ton voisin, te donnerait à éprouver de la crainte.

71. – En considérant tous les désirs, il faut poser la question suivante : que m'arrivera-t-il si ce que je recherche s'accomplit selon mon désir ? et que se passera-t-il dans le cas contraire ?

72. – Maxime Capitale, 13

73. – Ajoutons que certaines douleurs du corps sont utiles pour nous mettre en garde contre d'autres de la même espèce.

74. – Dans la recherche commune par la discussion, c'est celui qui a perdu qui en tire le plus profit, dans la mesure où il a augmenté son savoir.

75. – C'est un manque de reconnaissance à l'égard de ce qui nous est arrivé de bon dans le passé que de dire : « Il faut regarder comment se termine une longue vie ».

76. – En vieillissant tu es devenu tel que je le conseille, et tu as bien compris ce qui sépare philosopher pour soi-même ou pour la Grèce : j'en suis heureux avec toi.

77. – Se suffire à soi-même porte un fruit hautement admirable : la liberté.

78. – La noblesse se trouve le plus souvent du côté de la sagesse et de l'amitié : l'une est un bien mortel, l'autre un bien immortel.

79. – L'homme qui a trouvé la tranquillité n'est cause de trouble ni pour lui-même, ni pour les autres.

80. – Pour un jeune homme, la principale part du salut tient à la conservation de la jeunesse, et à la vigilance à l'égard ce qui salit toutes choses, emporté par l'aiguillon des désirs.

81. – Ni la richesse, même la plus grande qui soit, ni
l'honneur et la notoriété auprès de la multitude,
ni quoi que ce soit d'autre de l'ordre des causes qui
ne connaissent pas de limites, ne délivre du trouble
de l'âme ou ne procure une joie digne qu'on en
parle.

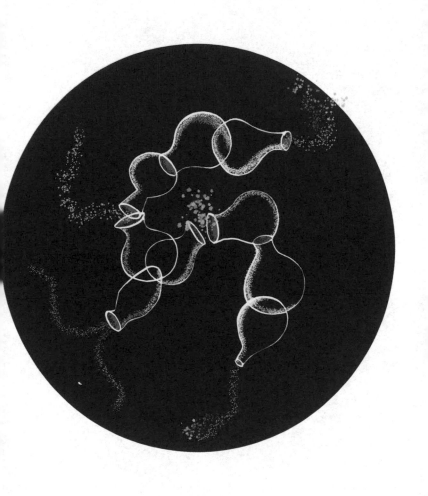

TABLE DES MATIÈRES

Ce volume,
publié aux Éditions Les Belles Lettres,
a été achevé d'imprimer
en septembre 2022
sur les presses
de SEPEC à Péronnas

Dépôt légal : octobre 2022
N° d'édition : 10362
N° d'impression : 05425220816
Imprimé en France

IMPRIM'VERT®